KB237074

언어학과 정치

언어학과 정치

언어학과 정치

The Politics of Linguistics

프레드릭 뉴마이어 저
한 동 완 역

도서출판 역락

이 책의 원제목은 The Politics of Linguistics(Chicago : The University of Chicago Press, 1986)이다. 직역을 하면 '언어학의 정치'가 되어야 할 것이다. 그러나 20세기 언어학의 세 가지 접근법에 대해 고찰을 하며, 이 접근법들이 정치적으로 어떤 함의含意를 갖고 사적으로 전개되었는가를 다루고 있는 이 책의 내용을 고려하면 "20세기 언어학의 전개 양상과 그 정치적 함의"로 하는 것이 가장 그럴 법하지만, 이런 내용과 원제목을 함께 살리는 뜻에서 『언어학과 정치』라는 서명으로 번역했다.

이 책의 저자인 프레드릭 뉴마이어는 1969년 일리노이대학에서 언어학 박사학위를 받은 그해부터 현재까지 시애틀 소재의 워싱턴대학교 교수로 재직하고 있다. 그는 여러 학술 단체에서 활발한 활동을 하고 있는데, 대표적인 것을 들면, 미국언어학회에서 1989년부터 1993년까지 5년 동안 총무이사를 맡았으며, 2002년에는 회장으로 활동한 사실이다.

뉴마이어의 첫 관심은 박사학위논문인 『영어의 상 동사』*에서 보듯이, 통사 이론의 연구에 두었는데, 이에 대한 관심은 지금까지도

---

* *English Aspectual Verbs*(The Hague : Mouton and Company, 1975)

지속되고 있다. 1970년대 초기에는 생성 문법의 모델을 발전시키는 데 기여했으며, 1980년대부터 원리와 매개변항의 접근법으로 글을 써왔다.

뉴마이어는 언어학의 역사에도 관심을 기울여 몇 권의 저서를 간행하였는데, 어쩌면 이 분야의 업적으로 더 많이 알려지게 되었다고 해도 무방하다. 그가 저술한 언어학사 서적들 가운데 첫 번째 서적으로서 1950년대부터 사반세기四半世紀에 걸쳐 미국에서 전개된 언어 이론을 개관하고 있는『미국에서의 언어 이론』*(1980, 개정판 1986)은『현대언어학의 흐름』(나병모 역, 도서출판 글, 1991)이라는 서명으로 국내에서 이미 번역되어 소개된 바 있다. 언어학사와 관련된 저서로는 이번에 소개되는『언어학과 정치』이외에도『생성 언어학 : 역사적 시각』**(1996)이 있다.

뉴마이어는 기본적으로 생성주의적 통사론에 열중해 왔으면서도, 그의 연구 프로그램의 궁극적인 목적을 형식 언어학과 기능 언어학의 결과들을 종합하려는 데에 두고 있다. 1983년에 저술한『문법 이론 : 그 한계와 가능성』***은 생성문법자들 가운데 아마 처음으로 기능주의적 견해에 깊은 관심을 기울인 저서라고 해도 무방하다. 1990년경부터 그는 기능주의자들의 작업들에 관심을 기울여왔으며, 기능주의자들의 제안들이 궁극적으로 생성문법과 양립 가능한지의 문제를 밝히는 데 주력해 왔다. 이 문제에 대한 연구의 결과가『언어 형식과 언어

---

* *Linguistic Theory in America : The First Quarter Century of Transformational Generative Grammar*(New York : Academic Press, 1980, Second edition 1986)
** *Generative Linguistics : A Historical Perspective*(London : Routledge, 1996)
*** *Grammatical Theory : its Limits and its Possibilities*(Chicago : University of Chicago Press, 1983)

기능』*(1998)인데, 이 저서가 생성문법의 본산이라 할 수 있는 MIT Press에서 발간된 것은 의미심장한 일이다. 최근 나온『가능한 언어와 개연적 언어』**(2005)도 주로 기능주의자들이 관심을 기울여왔던 언어 유형론을 생성주의적 시각에서 조명하고 있다는 점에서 우리의 주목을 끌기에 충분하다.

이 책이 주로 다루고 있는 것은 20세기 언어학의 주류를 형성하는 것으로 여겨지는 구조주의 언어학 및 생성문법이론 등과 같은 언어학 이론이 전제하고 있는 언어 자율성 개념이 어떻게 성립되었으며, 그 전개 과정은 어떠하며, 그 과정에 담겨 있는 정치적 역학 관계는 무엇인가 하는 점 등이다.

뉴마이어는 우선 제 1장에서 언어 연구가 세 가지 지향성을 가지고 전개되어왔고 또 전개되고 있음을 지적한다. 인문과학적, 사회과학적, 자율적 지향성이 그것들이다. 언어에 대한 인문과학적 연구는 문학적 창조의 과정에서 언어가 담당하는 역할에 대해 연구하거나, 혹은 가치가 형성되고 표현되는 매개체로서의 언어가 담당하는 역할을 연구하는 것으로서, 문체론과 시학 등을 포괄하는 것이다. 사회과학적 지향성의 언어 연구는 사회적 맥락 속에서 언어를 연구하는 것으로서, 이 연구를 통해 사회 그 자체에 대한 이해의 단서를 제공할 것이라는 가정을 하고 있다. 이와는 대조적으로 자율적 지향성의 언어학은 자연과학자들이 물리현상을 연구하듯이 언어 그 자체의 속성에 초점을 맞춘다. 이 세 지향성의 언어 연구는 상호 보완될 수 있는 각자의 연

---

* *Language Form and Language Function*(Cambridge, MA : MIT Press, 1998)

** *Possible and Probable Languages : A Generative Perspective on Linguistic Typology*(Oxford : Oxford University Press, 2005)

구 영역을 가지고 있지만, 지난 2세기 동안의 언어 연구는 언어를 자율적 실체로 접근하는 자율적 언어학이 다른 두 지향성의 언어 연구와 대립하며 그 세력을 확장시켜 왔다는 것이 저자 뉴마이어의 기본 입장이다. 따라서 저자는 자율적 언어학을 둘러싸고 이루어진 이데올로기적 논란이 어떻게 전개되었는가를 살펴보는 것으로 이 책의 나머지 대부분의 지면을 할애하고 있다.

'자율 언어학의 대두'를 다루고 있는 제 2장에서 저자는 18세기에 등장한 비교언어학이 유럽 지성사에서 낭만주의 운동이 대두한 것과 궤를 함께 함에 우선 주목한다. 초기 비교언어학자들은 그들의 동료인 낭만주의자들과 함께 언어란 말 그대로 하나의 유기체라고 믿었으며, 이러한 믿음은 언어를 자율성의 표현으로 보게끔 이끌었는데, 이러한 생각은 동시대의 지성적 인물들, 특히 생물학에서의 다윈, 지질학에서의 리엘, 역사학에서의 마르크스와 엥겔스, 사회학에서의 스펜서에 크나큰 영향을 주었음을 저자는 지적하고 있다.

제 3장은 소쉬르의 『일반언어학강의』를 중심으로 구조주의 언어학의 기본적인 개념들을 소개한 후, 유럽 각국과 미국에서의 구조주의가 어떻게 전개되었는가를 다루고 있다. 주목할 만한 지적은 이차세계대전 종전 이후, 구조주의가 태동했던 유럽 대륙에서는 정작 그 세력이 상실한 반면, 미국과 영국에서는 구조주의 언어학이 세력을 확대해 나갔다는 사실이다. 후자의 세력 확대는 구조주의가 갖는 평등주의 사상, 구조주의가 표방한 과학성, 그리고 정부와 교회 단체의 후원에 힘입은 것이라고 저자는 지적하고 있다.

제 4장은 촘스키의 변형생성문법의 개념들을 소개하는 한편, 생성문법의 사적 전개 과정을 살피고 있다. 사적 전개 과정의 골격은 혁명

적 성과를 이뤄냈던 초기 생성문법이 1970년대 중반까지 생성의미론과 피아제적 심리언어학의 연합된 도전의 결과로서 한때 세력을 거의 상실했으나, 1970년대 후반 다시 지배결속이론으로 무장하여 그 세력을 확장시켜 나갔다는 것이다. 물론 이러한 사적 전개 과정에서 노정된 정치적, 경제적 함의를 저자는 놓치지 않는다. 가령, 초기 생성문법의 급속적인 성장은 MIT뿐만 아니라 국방성의 막대한 지원에 힘입었으며, 1970년대 정치적 분위기는 사회 속에서 언어가 갖는 역할에 대해 어떤 주장도 하지 않는 생성문법의 세력을 약화시킨 반면에 형식 문법의 작업과 실제 세계에서의 언어의 사용에 대한 관심을 결합시킨 생성의미론의 세력을 강화시켰으며, 1980년대 생성문법의 부활은 컴퓨터 혁명과 연관되어 있다는 것이다.

제 5장은 자율 언어학에 대해 다른 지향성의 언어학들, 곧 인문과학적 언어학과 사회과학적 언어학 등이 어떻게 반박하였는가를 다루고 있는데, 전자보다는 후자의 반박에 더 많은 지면을 할애하고 있다. 특히 후자의 반박에는 마르크스주의적 언어학의 반박과 페미니즘적 언어학의 반박이 포함되어 있다. 결국 자율 언어학은 좌파와 우파의 양방향으로부터 공격을 받아온 셈인데, 좌파로부터의 비판가들은 (특히 마르크스주의자들은) 언어를 사회적 맥락으로부터 분리시키는 것은 이데올로기와 사회 통제 도구로서의 언어의 역할을 경시함으로써 체제 유지론자들을 강화한다고 주장하며, 우파로부터의 비판가들은 자율적 접근법이 요구하는 개별 언어들에 대한 가치 중립적인 분석에 반대하고, 또 모든 언어가 동등한 관심을 받아 마땅하다는 견해에 반대한다.

마지막 제 6장에서 저자는 자율성을 둘러싸고 이루어져 온 논쟁에 대한 자신의 생각을 밝히고 있는데, 저자는 세 가지의 지향성을 갖는 언어학이 상호 보완적일 수 있음을 강조하고 있다.

이상에서 이 책의 내용을 간단히 살펴보았다. 결론적으로 말해 이 책은 2세기에 걸쳐 자율성을 둘러싸고 전개된 논쟁을 개관하고 있다. 이 논쟁에는 낭만주의 운동 시기에 근대 언어학이 탄생하게 된 정치적 함의, 마르크스와 엥겔스, 그리고 소비에트 언어학자 마르의 언어에 대한 생각, 구조 언어학에 대한 히틀러와 스탈린 양자의 공격, 미국에서 이 분야를 구축하는 데 있어서의 선교 단체와 군대, 정부의 역할, 그리고 촘스키의 생성문법 이론과 그의 정치적 견해 간의 관계 등에 대한 흥미로운 기술이 포함되어 있다. 이런 기술들은 언어학도는 물론이고 非언어학도 모두가 관심 깊게 살펴볼 대목들이라 할 만하다.

이 책의 외국인의 로마자 인명은 가능한 한 모두 한글로 표기하였음을 밝혀 둔다. 본문에 나오는 한글 인명에 해당하는 로마자 인명은 〈찾아보기〉에서 확인할 수 있게 해 놓았다. 〈영한 대조표〉도 함께 활용하면 참고가 될 것이다. 서명의 경우 또한 가능한 한 우리말로 번역하였으며, 미주에서 원서명을 확인할 수 없을 경우만 본문 좌우 여백에 방주傍註를 달아 제시하였다.

시카고대학 출판사와의 번역권 계약이 만료되어 버릴 정도로 오랜 시간이 되어서야 겨우 번역을 완료하였다. 독촉하지 않고 참을성 있게 기다려준 역락출판사 이대현 사장께 감사를 드린다. 번역에 도움을 준 남미정, 오경숙, 박진희 제자들에게 감사를 표한다.

2006년 5월
한힌샘 선생의 집터 '용비어천家'에서
역자 한 동 완

감사의 글

  이 글이 완성되기 이전에 원고를 철저히 읽고 유익한 제안을 해준 샌드라 실버스타인, 에번 윗킨스, 조셉 에몬즈, 앨런 나세르, 엘렌 카이스, 솔 사포르타, 그리고 케쓰 퍼시벌에게 깊은 감사의 뜻을 표한다. 이분들 중 어느 누구도 사실 또는 해석의 실수들에 대해 책임이 없음은 말할 필요가 없다. 의심의 여지없이 나는 이분들의 충고에 유의하지 않은 것을 후회하게 될 것이다.

  이름을 다 기억할 수 없을 정도로 많은 분들이 나에게 정보를 제공하고 충고를 해 주었지만, 특히 다음 분들께 마음속 깊은 감사의 뜻을 표한다. 드와이트 볼링거, 윌리엄 브라이트, 촘스키, 마이클 커빙턴, 에드워드 피너건, 존 포트, 존 골드스미스, 케네스 헤일, 모리스 할레, 존 해머, 에릭 햄프, 빅터 핸절리, 프레드 하우스홀더, 제이 케이저, 폴 키파스키, 윌리엄 라보브, 피터 래드포그드, 제프리 눈베리, 데이비드 페제츠키, 케네스 파이크, 제프리 풀럼, R. H. 로빈스, 칼로터 스미스, 로버트 스톡웰, 그리고 래디슬로 즈구스타.

목 차

The Politics of Linguistics

1. 언어의 연구

언어학과 정치

The Politics of Linguistics

말을 할 수 있는 능력은 인간이 가진 모든 속성

중에서 가장 두드러진 것이다. 고대 그리스 이래로 철학자들은

인간을 짐승과 구별해 주는 특징 가운데 가장 중요한 것으로 언

어를 지적해 왔다. 인간의 언어와 동물들의 의사소통 형식 간에

보이는 차이는 너무나도 현격한 것이기에, 인간의 언어 능력은

인간의 속성 가운데 진화론적인 설명을 부여하기가 가장 어려운

속성으로 남아 있다. 심지어 우리 인간과 가장 가까운 영장류들

조차도 인간의 언어와 비슷한 것을 전혀 갖추고 있지 못하다.[1]

　더구나 언어의 유일성은 언어의 광범위성과 연결되어 있다.

언어가 우리 생활의 중요한 국면에서 역할을 하지 않는 경우란

인간만이 언어를 유일하게 가지고 있는 특성을 지니는 한편으로 인간 생활의 광범위한 부분에 언어가 침투되어 있는 특성을 갖는다는 뜻이다. —역자

거의 없다. 우리는 기본적으로 언어를 수단으로 하여 의사소통을 하고, 언어를 통해 사고하고 추리하며, 상상력에 따른 창조적인 표현에 있어서도 언어를 동원한다. 우리가 잠을 자는 시간 또한 깨어 있는 시간만큼이나 언어로부터 자유롭지 못하다. 우리의 꿈조차도 언어라는 매개체를 통해 전달되기 때문이다. 따라서 문학 비평가, 철학자, 그리고 발달 심리학자들과 같은 이들이 언어의 분석을 그들 연구의 출발점으로 삼고 있는 것도, 컴퓨터 산업에서 인간의 언어를 모델로 한 프로그램을 구축하는 것을 다음 십 년 간의 가장 중요한 목표로 설정하고 있는 것도 모두, 이상할 것이 전혀 없는 당연한 일이다.

인간 언어의 광범위성은 언어 연구에 대한 접근법이 지식 일반에 관한 접근법만큼이나 다양하다는 데에서도 확인할 수 있다. 인문과학자, 사회과학자, 그리고 자연과학자 들은 각각 그 나름대로 언어가 어떻게 작용하는가에 대한 연구에 한몫을 담당한다. 각 학문 분야에서 진행하는 연구는 각 분야의 독특한 전제와 방법론으로써 언어에 접근하며, 그 학문 분야에서의 중요한 관심사에 가장 밀접해 있는 측면에 초점을 맞춘다.

예를 들어, 인문과학자는 문학적 창조의 과정에서 언어가 담당하는 역할에 대해 연구하거나, 혹은 가치가 형성되고 표현되는 매개체로서의 언어가 담당하는 역할을 연구할 것이다. 이러한 관점에서 보면, 언어는 우리의 문화적 유산을 비추는 거울이자 과거와 현재를 잇는 연결체이며, 인간적이며 고상한 모든 것을 형상화形象化하는 것이다. 그러므로 언어의 본질을 연구하는 것은 곧 인간 정신의 정수精髓를 탐구하는 것이 된다. 많은 이들에겐 이러한 인문과학적 관심이 언어를 분석하는 데 있어서 가장 훌륭한─혹은 심지어는 유일한─동기를 제공하는 것으로 여겨진다. 문예비평가 이안 로빈슨은 이렇게까지 말하고 있다. "『리어왕』과 같은 작품이 있기에 언어란 연구할 만한 가치가 있는 대상이다."[2]

언어에 대한 인문과학적 연구는 이천 년이 훨씬 넘는 기간에 걸쳐 형성되어 왔다. 예를 들어, 그리스인들은 언어 연구가 호머의 서사시에 쓰인 언어를 더욱 올바르게 이해하도록 이끌어 주기를, 심지어 중대한 철학적 문제들을 더욱 일반적으로 해결해 주기를 희망했다. 아리스토텔레스의 『시학』에 그리스어 문법을 개괄적으로 기술한 것이 등장한다는 사실도 곧 그가 언어학적 연구의 동기가 된 인문과학적 목표를 반영하고 있다. 이러한 목표는 언어 연구의 중심적 과제로 지속되어 왔으며, 오늘에 와서도 다른 어떤 언어학적 주제보다 많은 양의 연구가 언어의 창조적 표현에 바쳐지고 있다.

또 다른 이들은 사회과학적 관점에서 언어에 접근한다. (이 관 *Poetics*

점에 따르면) 언어란 결국은 사회적 교류의 가장 두드러진 매체이며, 따라서 언어는 우리 인간의 사회적 존재의 모든 국면들을 반영하는 한편으로 또한 그 국면들에 영향을 줄 수밖에 없는 것이다. 사회적 맥락 속에서 언어를 연구하는 것은 그런 연구를 통해 사회 그 자체에 대한 이해의 단서를 제공할 것이라는 가정에 근거하고 있다. 이러한 관점에서 보면, 언어의 자명自明한 속성인 사회성이 곧 언어 연구의 명백한 출발점이 된다. 인간의 상호작용에 대한 이해를 목표로 삼는 학자라면 누구나, 화자들이 정보를 전달하고, 속이고, 확신시키기 위해, 그리고 적개심이나 집단적 유대감 등등을 표현하기 위해 언어를 어떻게 사용하는가에 대한 관심을 가져야 한다.

말의 사회적 맥락에 대한 관심은 결코 순수 학문적이라고 할 수 없다. 많은 화급한 정치적 이슈들이 언어를 주요 테마로 삼고 있기 때문이다. 이를테면, 새롭게 독립한 제삼세계 국가들에 있어서 토착 언어와 식민 언어에 어떤 상대적 지위를 부여할 것인가 하는 문제에서부터 미국의 대도시들에 거주하는 멕시코계 미국인의 어린이들에게 스페인어로 교육을 받을 권리를 부여할 것인가 말 것인가 하는 문제에 이르기까지 매우 다양한 이슈들이 포함되어 있다.

이 밖에 다른 학자들은 마치 자연과학자들이 물리 현상을 연구하듯이 언어에 접근한다. 이 접근법은 한 언어의 개별 화자들의 믿음이나 가치관, 혹은 그 언어가 말해지는 사회의 특성과는 완전히 동떨어져 존재하는 언어 자체의 속성에 초점을 맞춘다. '자율적 언어학'이라고 부를 수 있는 이 연구는 개별 언어들의 구조적 규칙성에 입각해 발음과 기술 항목들(즉 '문법')의 변화를 기술하려는 단순한 시도에서부터, 언어들이 구조적으로 다르게 될 수 있는 보편적 한계*를 세우려는 야심적인 시도에까지 걸쳐 있다.

모든 자율적 언어학자들은 한 언어를 사용하는 사람들이 속한 사회, 또는 그들이 갖고 있는 믿음을 살펴보지 않고서도 그 언어를 성공적으로 분석할 수 있다는 신념을 공유하고 있다. 심지어 어떤 학자들은 문법 체계의 '수수께끼 풀이' 같은 속성 바로 그 자체가 지적인 만족을 주는 목적이라고 믿으며, 언어 연구를 통해 그 이상으로 얻을 수 있는 다른 함축성을 노골적으로 거부한다. 그러나 대부분의 자율적 언어학자들은 문법 구조에 대한 이해는 곧 심리 자체를 포함하여 구조화된 인간의 다른 속성들의 이해로 연결된다고 믿는다.

실상, 19세기 초반부터 시작한 언어에 대한 자율적인 접근법이 크게 매력을 끈 것은 그 연구 대상의 체계성 — 무의식적이고 비사회적으로 결정되는 언어 부문 — 이 언어학의 분야를 훨씬 넘어

곧 언어들의 구조적 차이점을 모두 설명할 수 있는 '보편 문법'.
— 역자

다른 분야에도 적용될 수 있으리라는 암시를 광범위하게 느꼈기 때문이었다. 예를 들어, 지난 19세기에, 언어들이 역사를 통해 동일한 종류의 체계적 변화를 겪어 왔다는 사실에 대한 자율적 언어학자들의 발견은 다윈, 리엘, 마르크스, 그리고 엥겔스와 같은 당대의 진보적인 사상가들에게 깊은 영향을 주었다.

자율적 언어학자들은 언어를, 동일한 형태의 원리들에 의해 발전되는 인간 속성의 중요한 모델로 보았다. 나아가 언어의 변화가 대개 의식적인 자각에 의해 이루어지는 것이 아니라는 사실은 인간 정신의 기능에서 무의식無意識이 차지하는 중요성을 막 깨닫기 시작하고 있던 당대의 심리학자들에게 영향을 주면서 그들을 고무시켰다.

20세기의 자율적 언어학자들이 언어의 구조적 규칙성을 특징 짓는 데에 성공한 정도는, 자신들의 연구 분야에서 유사한 규칙성을 찾으려고 시도했던 많은 사회과학자들로 하여금 부러움을 느끼게 했다. 자율적 언어학은 자연과학과 인문과학 사이에 다리를 놓아 주며, 엄격한 과학 분야에만 어울리는 정밀성과 깊이를 인문적인 연구 대상에도 충분히 조화시킬 수 있는 것으로 여겨졌다. 이런 사실을 열렬하게 지지하는 한 학자는 이렇게 논평하고 있다. "자연과학에서 수학이 이미 차지하고 있는 위치를, 사회과학에서는 [자율적] 언어학이 차지할 수 있을 것이다."[3]

지난 25년 동안, 자율적 언어학의 연구 범위는 언어 구조와 정신 구조 간의 연관성에 대한 이해가 증진되는 것에 발맞춰 더욱 더 확장되어 갔고, 그 세력 또한 더욱 더 확대되어 갔다. 매사추세츠공과대학(MIT)의 촘스키는 모든 인간들에게 언어를 습득할 수 있는, 선천적이고도 고도로 구조화된 본성이 부여되어 있다는 주장을 발전시켜 왔다. 즉 언어학자들에 의해 기술되는 문법이란 말 그대로 화자의 '머리 속에' 있다는 것이다.

인간 언어의 유일성*을 생물학적 본성으로 본 이 견해는 언어학 분야를 훨씬 넘어 확장될 수 있는 함축성을 지닌다. 실제로, 이 견해는 학제간學制間**의 연구 프로그램을 촉발시켰는데, 이 프로그램에는 고전적 이성주의를 현대적 방식으로 재구성하는 방법을 촘스키의 학설에서 찾으려고 하는 철학자들, 추상적 문법 구조의 속성과 그 발전, 그리고 이 문법 구조와 다른 인지적 능력들 간의 연관성을 연구하려는 심리학자들, 또한 추상적 문법 구조의 물리적 형상을 연구하려는 신경학자들, 그리고 '듣고 따라하는' 전통적 교수법敎授法보다도 더 직접적으로 학습자의 내재적內在的 문법 지식에 닿을 수 있는 교수법을 촘스키의 접근법을 통해 끌어내려고 하는 언어 교육자들이 참여했다.

언어학의 분야를 대체적으로 살펴보면 이상과 같은 세 가지 지향성으로 나눠진다. 곧 인문과학적, 사회과학적, 그리고 자율

---

* 인간만이 유일하게 언어를 가지고 있다는 뜻임. —역자

** interdisciplinary의 번역어로서, 일반인에게는 생소하겠지만, 근자에 우리 학계에서 널리 사용되고 있는 용어이다. 나라와 나라 사이를 '국제國際'라고 하듯이 '학제學制'란 말 그대로 "학문과 학문 사이"를 뜻한다. 미분화 상태였던 학문은 점차 세분화와 전문화의 길을 걸으면서 근대 학문이 더욱더 발전해 오기는 했지만, 전문 영역들이 너무 지나치게 좁아져서 날로 복잡하고 다양해지는 여러 사안에 대해 거시적이고 통합적으로 바라보지 못하는 문제점 또한 낳았다. 이런 문제점을 극복하기 위한 나타난 움직임이 바로 학제적 연구이다. 학제적이란 "전혀 다른 것으로 간주되었던 분야의 학문들이 서로의 연구 성과를 공유하고, 각 분야에 대하여 새로운 시각으로 접근하여 연구하는 경향"을 뜻한다. —역자

적 언어학의 세 지향성이다.

인문과학적 언어학자들의 관심은 '시학'과 '문체론'과 관련된 하위 분야에서 구체화된다. 이 시학과 문체론은 문학 텍스트의 언어학적 분석에, 그리고 문학 언어의 비유적, 심미적, 그리고 창조적 용법에 대한 연구에 관심을 쏟는다.

사회 안에서 언어가 담당하는 기능은 '사회언어학'의 영역에 속한다. 사회언어학은 여러 주제를 다루지만, 그 중에서도 특히 언어 변이, 말하기의 민족지학,[*] 그리고 국가적인 언어 정책 등을 다룬다. '화용론'과 '담론 분석'도 사회과학적 지향성을 가진 언어 연구의 두 분야인데, 여기서는 대인 관계의 맥락 속에서 언어가 어떻게 사용되는가를 기술한다. 화용론의 전형적인 논문은 화자가 간접적인 요구를 하는 데에 유효한 다양한 언어적 장치를 기술할 것이다. (예를 들자면, "소금 좀 건네주세요." 대신에 "소금 좀 건네 주실 수 있어요?", 혹은 "소금 먹고 싶은데요." 혹은 "소금 좀 있나요?" 등과 같이 말하는 것) 한편 담론 분석가들은 대화에서 말을 주고받는 것을 지배하는 관습이 무엇인가 하는 것과 같은 문제에 그들의 관심을 기울일 것이다.

자율 언어학에서의 대부분의 연구는 '문법 이론'[**]이라는 표제 하에 수렴된다. 언어학의 이 분야는 언어가 가진 구조적 규칙성을 지배하는 원리들을 공식화하려고 시도한다. 이 분야의 주요한 하위 분야에는 소리와 관련된 제 양상의 연구인 '음운론', 단어 형성의 연구인 '형태론', 그리고 문장 구성의 연구인 '통사론' 등이 있다.

언어학의 모든 분파가 '인문과학적', '사회과학적', 혹은 '자율적'인 것으로 명확하게 규정지어질 수 있는 것은 아니다. 의미의 연구인 '의미론'에서 다루어지는 작업은 위의 세 지향성을 모두 포함하며, 언어 변화에 대한 연구인 '역사언어학' 또한 그러하다. 그리고 '심리언어학'은 아이들의 언어 습득이나, 발화의 지각과 산출을 지배하는 원리 등과 같은 주제를 본격적으로 다루는데, 이 주제는 사회과학적 관점으로도 접근될 수 있고 문법적 관점으로도 접근될 수 있다. 그러나 개개의 의미론자, 역사언어학자, 혹은 심리언어학자들이 그들의 연구 대상을 다루는 데 있어서 두 가지 이상의 접근법을 취하는 경우는 극히 드물다.

흥미롭게도 언어학이라는 '직업' —즉, 어떤 특정한 시간과 공간에서 '언어학자'로 불리는 학자들의 집단— 은 언어학이 광범위한 관심 분야를 가지는 것에 비하자면 자신을 정의 내리는 데에 언제나 훨씬 더 제약적이다. 예를 들자면, 오늘날 미국에서는 인문과학적 접근법을 취하는 언어 연구는 일반적으로 '언어학'의 이름 아래에조차 놓이지 못하는 것으로 여겨지고 있다. 인문과학적으로 언어를 연구하는 이들은 거의 대부분 언어학과보다는 문예학과에서 찾아볼 수 있다. 미국의 언어학자들이 문체론이나 시학과 같은 분야에 대한 관심이 부족하다는 사실은 가장 대중적인 언어학 개론서인 프롬킨과 로드먼의 『언어에의 입문』을 살펴보면 알 수 있다.[4] 이 책은 그 내용의 약 80% 가량이 문법 이론의 방법론과 결과에 대한 논의로 채워지고 있다. 사회 안에서의 언어에 관한 것은 대략 20% 정도로 채워지고 있을 뿐이며, 문학 언어에 대한 것이나 문학 언어의 심미적 속성들에 대해서는 한마디의 언급도 없다.

이러한 직업 의식은 다른 나라의 경우와는 매우 다른 차이를 보인다. 유럽에서는 인문과학적인 언어 연구가 언어학의 분야라는 것을 당연시하고 있다. 영국과 네덜란드를 제외한 대부분의 유럽 국가에서는 사회과학적인, 그리고 인문과학적인 지향성을 갖는 접근법이 훨씬 더 지배적이며, 자율적 언어학자가 차지하는 비중은 상대적으로 매우 적은 편이다. 프라하, 제네바, 코펜하겐과 같이 오랜 기간 문법론 연구의 중심이 된 지역에서조차도 자율적 언어학은 다른 접근 방식의 그늘에 가려지고 있을 정도다.

미국의 에드워드 사피어와 러시아의 로만 야콥슨과 같은 주목할 만한 몇몇 언어학자들이 그들의 연구 작업에서 언어에 대한 상이한 접근법들을 결합시켜 보기도 했지만, 언어란 단지 하나의 접근법으로만 연구될 수 있다는 게 이 분야에서의 지배적 경향이 되어 왔다. 그리고 사실, '언어학'이라는 용어는, 방향을 달리하는 접근법들을 제외시켜 나가면서 계속적으로 재정의再定義되어 왔다. 예를 들면, 19세기와 20세기의 전환점쯤에 이탈리아의 이상주의 철학자 크로체는 언어학을 미학과 동일시하는 입장을 취하면서, 언어의 문법적 혹은 사회적 양상을 기본적으로 연구하는 이들을 노골적으로 경멸하였다.[5] 한편 최근에, 미국의 언어학자 라보브는 사회언어학을 "언어학과는 구별되는 것"이라고 정의 내리는 것에 대해 반박하면서 언어의 문법적 측면조차도 자세히 연구해 보면 근본적으로 사회과학적 속성을 가지고 있는 것이라고 주장했다.[6]

이와는 정반대의 극단에서, 많은 문법학자들은 순전히 자율적 언어학의 연구 목적에 의해서 언어학의 정의가 내려져야 한다는 입장을 취해 왔다. 예를 들면 영어 통사론의 한 서문에서는 언어학자의 목적을 "한 인간이 특정한 언어를 말할 수 있고 이해할 수 있는 능력의 기반을 형성해 주는 규칙들을 진술하는 데에 도달하는 것, 그리고 많은 언어들과 인간의 유기적有機的 기관 그 자체를 연구함으로써 보편 문법의 규칙을 진술하는 데에 도달하는 것"[7]이라고 규정하고 있다.

연구 분야에 대한 이러한 제한적인 재정의는 종종 경쟁적인 접근법의 근본적인 지적 가치에 대한 비방을 동반하기도 한다.

인문과학적 학파와 사회과학적 학파의 구성원들은 모두 자율적 언어학을 거부하는데, 이는 자율적 언어학이 고립된 문법 규칙에만 초점을 맞춤으로써 "실제적으로 사용되는" 바로서의 언어를 규명하지 못한다는 이유에서이다. 여기서 실제적으로 사용되는 언어란 일상적 의사소통이거나 창조적 표현에서 사용되는 언어, 또는 지배적인 사회 이데올로기를 지지하거나 혹은 그 이데올로기에 도전하기 위해서 사용되는 언어를 가리킨다. 예를 들어서 할러데이는 "언어 연구로부터 사회적 맥락을 배제한다"는 점에서 자율적 언어학을 비난했고, 조지 레이코프 또한 같은 의견을 제시하면서, 자율적 언어학이 "언어 연구의 인공적인 경계를 설정함으로써 언어 연구로부터 인간의 추리, 맥락, 사회적 상호작용, 장면지시소 *deixis*, 불명료성 *fuzziness*, 풍자 *sarcasm*, 담론 유형, 단편문斷片文, 화자의 다양성 등등을 제외시키고 있는 점"[8]을 비난했다.

　자율적 언어학을 반대하는 이들은 종종 명시적인 정치적 용어로써 자신들의 반대 견해를 표현한다. 그리하여 미국의 사회언어학자인 델 하임즈는 자율적인 문법 구조의 개념은 '이데올로기적'인 것으로서, 그 개념은 "우연한 경우를 제외하고는, 사회적 세계에 속한 인간이 아닌, 추상적이고도 소외된 개인"[9]의 존재를 함의하고 있다고 주장한다. 유럽의 마르크스주의자들은 '이

상주의자'만이 사회적 맥락으로부터 언어의 여러 양상들을 추상화시킬 뿐이며, 언어에 대한 유물론적 접근법은 그러한 추상화 작업을 거부하는 데서 출발해야만 한다는 입장을 전형적으로 취하고 있다.[10]

오늘날 세계에서 자율적 언어학을 주도하는 대표적인 인물인 촘스키는 그만큼 공격의 대상으로 특별히 부각되고 있다. 그의 주장에 관한 논박은 어떤 기준에서 보더라도 학문 내 분파간의 정상적인 논의 한계를 넘어서서 빈번히 진행되었다. 근자에 한 비평가가 촘스키의 학설은 "성격상으로 파시스트적인 것으로 기술될 수밖에 없다."고 주장한 것이라든지, 또 다른 한 학자가 촘스키의 지지자들은 "파시스트와 공산주의자들이 정치적 권력을 손에 쥐기 위해 사용하는 것과 똑같은" 수단으로 "많은 언어학과에서 세력을 장악하려고 애쓰고 있다."고 비난한 것은 정상적 논의 한계를 벗어난 실례를 보여준다고 하겠다.[11]

자율적 언어학자들은 자신들의 접근법만이 언어 연구의 유일한 '과학적' 방법이라고 주장해 왔다. 그리하여 그들은 사회언어학자들의 연구를, 지적 본질은 배제한 채로 근사한 일화를 적당히 섞어놓고 통계의 상호 관계를 그럴싸하게 늘어놓은 것에 불과한 것이라고 하여 거들떠보지도 않으려는 입장을 취해 왔다. 사회언어학에 대한 비판은 촘스키의 견해에서 극명하게 드러난다. 그는 "'사회언어학'이라고 불리는 학문의 존재조차도……
분명하지 않은 일"[12]이라고 생각하는데, 이러한 그의 태도는 사
회과학 일반에 관한 그의 견해를 반영하고 있다. 촘스키는 한 인
터뷰에서 다음과 같이 말하고 있다.

> "사회학에서 우리는 관찰, 직관, 인상, 그리고 어쩌면 타당할
> 지도 모르는 일반화를 찾아볼 수 있을 것이다. 이들은 의심의 여
> 지없이 모두 가치 있는 것이지만, 그러나 설명적 원리의 수준에
> 서 보자면 그렇지 못하다……. 사회언어학이란 …… 사회학의
> 원리들을 언어 연구에 적용하려고 애쓰는 학문 분야이다. 하지만
> 나는 언어학이 사회학으로부터 얻을 수 있는 것이란 거의 없다고
> 생각하며, 또한 언어학이 사회학에 얼마나 많이 기여할 수 있는
> 가에 대해서도 매우 의심스럽다고 생각한다……. 나비를 수집해
> 서 많은 관찰을 할 수도 있을 것이다. 나비를 좋아해서 그렇게
> 한다면 그것으로 훌륭한 작업이지만, 그러한 작업을 연구와 혼동
> 해서는 안 된다. 연구란 깊이 있는 설명적 원리를 발견하는 데에
> 관심을 두는 것이며, 그런 원리를 발견하지 못한다면 실패하는
> 것이기 때문이다."[13]

연구 대상에 대해 다양한 방향에서 접근할 수 있다는 사실이
언어학에만 유일하게 적용되는 것은 분명히 아니다. 철학, 심리
학, 그리고 역사학 같은 여러 학문들도 인문과학적 지향성과 사
회과학적 지향성을 둘 다 취해 왔으며, 그 둘 중 한 지향성을 그
분야의 발달 과정의 다른 단계에 따라 더욱 지배적인 것으로서

취해 왔다. 더구나 요즘 사회과학에서 인기 있는 '계량적計量的 방법론'은 어떤 의미에서 보면 '자율적' 접근법을 나타낸다고도 볼 수 있다. 그러한 방법론은 성격상, 사회에 대한 어떤 일반 학설로부터 유도된 것도 아니며, 또한 어떤 일반 학설에 적용되는 것도 결코 아니기 때문이다. 그러나 언어학은 다른 어떤 학문보다도 지난 한 세기에 걸쳐 자율적인 지향성의 현저한 성과를 이룩해 온 것과 동시에 너무나도 치열한 도전을 받아 왔다는 점에서 주목할 만하다. 사실, 자율성에 관한 논쟁은 학문의 무대보다는 정치의 무대에 더 어울리는 성격을 띠고 정열적으로 계속 진행되어 오고 있다.

그렇지만, 이 자율적 언어학의 성공과 그것에 대한 열정적인 반대를 도대체 무엇으로써 설명할 것인가? 물론 자율적 언어학이 복잡한 언어학적 문제에 대한 일련의 해결책을 제시해 올 수 있었던 것은 분명하다. 그러나 어떤 '올바른' 접근법(이 말이 실제로 의미하는 바가 무엇이든 간에)이 필연적으로 인정받으리라는 것을, 특히 인문과학에 있어서 기대하기란 거의 힘들다. 실제로, 자율적 언어학이 성공할 수 있었던 원인의 상당한 부분은 권력을 가진 기관들이 정략적으로 이 학문을 보조해 준 사실에서 찾을 수 있다.

이와 마찬가지로 자율적 언어학을 반대하는 진영의 운명도 외부의 정치적 요인들에 연관되어 있다. 어떤 특정 장소와 어떤 특정의 역사적 시기에 언어에 대한 인문과학적 지향성과 사회학적 지향성이 모두 어떤 특정의 이데올로기에 의해 노골적으로 옹호된 적이 있었던 것이다. 결과적으로, 언어학 내에서 이루어진 논쟁은 종종 그보다 더 큰 사회 내에서의 논쟁을 반영해 왔으며, 그리하여 언어학이 고도로 정치적인 성격을 띤 분야라는 인상을 심어 왔다.

이 글에서 인문과학적 혹은 사회과학적 학파의 발달 과정은 자율적 언어학만큼 자세히 다루어지지 않을 것이지만, 그렇다고 해서 이러한 기술 태도가 필자 개인이 이 학파들의 중요성이나 고유의 관심사에 대해 부정적인 평가를 취하고 있는 것을 반영하는 것으로 여겨져서는 안 될 것이다. 이후의 지면에서 자율적 언어학에 초점을 맞추는 이유는 자율적 언어학을 둘러싼 이데올로기적 논란들이 현대 지성사의 중심적인 테마를 구성하기 때문이며, 동시에 두 가지 다른 접근법의 현저한 특질들을 드러내 주기 때문이다. 그러므로 그 두 접근법에 관한 논의가 철저히는 이루어지지 않는다 하더라도, 그 학파들에 속한 학자들이 자율적 언어학의 이론과 실제에 대해 제기한 반박을 통해서 그 대부분이 다루어질 것이다.

언어라는 연구 대상이 현재 활동하고 있는 언어학자의 수로는

도저히 감당키 어려울 정도의 중요성을 언어학 분야에 부여해
준 것처럼, 이 분야의 논쟁들 또한 우리가 기대하는 것 이상으로
외부로부터의 관심을 불러일으켰다. 지난 두 세기의 대표적인
지식인들, 그리고 때에 따라서는 국가 정부들까지도 이 분야의
발달 과정과 그 내부의 갈등을 주시해 왔다. 우리 또한 다음 지
면에서 이 분야의 발달 과정과 성공, 그리고 내부의 논쟁에 초점
을 맞출 것이다. 그리하여 지난 두 세기 동안 이룩되어 온 인상
적인 성과들이 왜 그렇게 자주 씁쓸한 갈등(해결의 실마리가 너무
나도 없어 보이는 갈등이라고 생각된다)으로 인해 그림자가 드리워졌
는지를 이해하게 될 것이다.

The Politics of Linguistics

2. 자율 언어학의 대두

언어학과 정치

The Politics of Linguistics

근대 언어학은 18세기 말까지 거슬러 올라간다. 1786년에 동인도회사의 영국인 '동양학자' 윌리엄 존스 경은 캘커타의 왕립아시아학회에서 한때 인도에서 사용되었던 산스크리트어와 유럽의 몇몇 언어들이 공통 기원의 친족 관계를 갖는다고 제창한 자신의 유명한 논문을 발표했다. 존스 경은 다음과 같이 언급했다.

산스크리트어는 그 상고 시대의 모습이 어떠했든 간에 훌륭한 언어 구조를 가지고 있다. 그리스어보다 더욱 완벽하고, 라틴어보다 더 풍부하며, 이 두 언어보다 더 정교하며 우아하다. 그러면서도 산스크리트어는 동사 어근과 문법 형태에 있어서 이 두 언어와, 우연의 소치라고 하기엔 너무도 강력한 친족성을 보이고 있다. 이 친족성은 너무나도 강하기 때문에 어떤 문헌학자라도 산스크리트어, 그리스어, 그리고 라틴어를 함께 살펴보면 이들이 이제는 더 이상 존재하지 않는 어떤 공통적인 기원으로부터 뻗어 나온 것이라고 결론 내릴 수밖에 없게 한다. 또한 비록 그만큼은 강력하지 않지만, 비슷한 이유로, 고트어와 켈트어도 놀랍게도 산스크리트어와 같은 기원을 가지는 것으로 믿게 한다.[1]

존스의 진술은 19세기의 위대한 지적 업적 중 하나인 비교언어학 분야[*]의 방법과 성과로 이어졌다. 비교언어학자들은 존스의 성찰을 증명하는 데 그치지 않고, 유럽, 인도, 그리고 이란에서 사용되는 언어들의 대부분이 동일한 어족語族에 속한다는 것을 보여 주는 데 성공했다. 나아가, 이 (소위) '비교 방법론'은 그 적용을 더욱 확대하여 세계의 약 4,000개에 달하는 언어들이 기껏해야 몇 십 개에 불과한 어족에 속한다는 가설에 도달했다. 아주 넓게 개괄해 본다면, 두 언어가 만약 동일한 조상, 곧 동일한 '조어祖語'로부터 내려 왔다면 동일한 어족에 속하는 것으로 간주된다.

비교언어학자들은 연구되는 언어들 간에 음성과 의미에서 체계적인 대응이 존재하는가를 찾는다. 만약 한 언어에서 다른 언어로 차용된 것에 기인한 것이 아닌 대응이 충분히 발견되면, 이 언어들은 기원적으로 관련이 있다고, 곧 동일한 어족에 속한다고 가정된다. 대부분의 경우 조어의 문헌 기록은 존재하지 않기 때문에, 비교언어학의 주요한 임무는 각 어족의 조어를 재구성하고, 한 조어에서 여러 다양한 자언어子言語로 분파되는 과정에서 일어난 음성의 변화를 공식화하는 것이었다.

아마도 비교언어학의 가장 잘 알려진 성과는 19세기 초반에 야콥 그림(1785~1863)에 의해 공식화되어 "그림의 법칙"으로 알려지게 된 법칙일 것이다. 그림은 게르만 어파(영어, 독어, 그리고 스칸디나비아 제어 등등)들과 유럽 및 인도의 다른 많은 언어들에서 보이는 음성들 간의 규칙적 대응 관계를 발견했다. 예를 들어 보면, 게르만 어파에서 f 가 나타나는 위치에 다른 언어들에서는 p 가 나타나고(영어 *father*, 그리스어 *patér* ; 영어 *fish*, 라틴어 *piscis*), 게르만 어파의 *th* 는 다른 언어의 t 에 대응된다는 것(영어 *three*, 산스크리트어 *trayah* ; 영어 *thou*, 리투아니아어 *tú*) 등을 발견했다. 이러한 발견은 특질적 현상을 보이는 게르만 어파의 조어가 그 조어보다 더 조상뻘이 되는 언어 공동체의 한 분파에서 음성의 체계적 변천을 이룬 결과로 존재하게 된 언어라는 가설로 이어지는 추론 과정에서의 첫 번째 연결고리 역할을 했다. 그리고 이것은 더 나아가, 가정상의 조어인 '인도유럽조어'의 재구로 이어졌는데, 이 조어로부터 게르만 어파와 유럽 및 인도의 많은 언어들이 갈라져 나온 것으로 가정되었다.

비교언어학의 방법론이 궁극적으로는 언어 연구의 자율적 지향성을 가장 두드러지게 대표하게 됐지만, 가장 초기의 비교언어학자들은 자신들이 언어를 하나의 '자율적인' 실체로 본다고 느끼지는 않았다.

비교언어학은 18세기 말에 유럽을 휩쓴 낭만주의 시대에 등장했다. 앞선 시대의 계몽주의적 이성주의자들에 반대하면서 나타난 낭만주의자들은 인간 존재를 그 주위의 세계와 고립시켜서 연구하려는 시도는 쓸모없는 일이며, 더구나 그 세계를 형성해 온 과거에 의존하지 않고서는 인간 존재를 제대로 이해할 수 없는 것이라고 믿었다.

그리하여 낭만주의자들은 동양의 고대 민족들의 풍습, 종교, 그리고 언어들을 기록하기 위해 유럽 너머로 시야를 돌리기 시작했다. 그리고 그들은 토속적이고 민족적인 풍습과 신앙, 민속, 방언 등과 같이 그 앞선 세대의 학자들에겐 '야만적인' 것이라고 보일지 모르는 것들에 대해서도 주의를 기울이기 시작했다. 요컨대, 근대 언어학이라는 배를 진수시킨 격인 비교언어학적 연구는 낭만주의의 목표에 완벽하게 부합되는 것이었다.

그러므로, 동생과 함께 유명한 동화, 민담을 수집하기도 했던 그림은 민간 신앙의 보존과 게르만 어파의 음성 변화의 공식화를 유사한 것으로 간주했다. 즉 그에겐 두 가지 모두가 과거에서

많은 비평가들이 관찰했듯이, 낭만주의 운동(그리고 범위를 확장시켜 비교언어학)은 유럽 식민지의 팽창으로부터 귀결된 비서구 문화의 점증적인 인식에 부분적으로 기인한다. 예를 들어 산스크리트어의 '발견'은 영국의 인도 정복의 산물이다.

자신의 뿌리를 찾는 시도이며, 또 현재를 더 잘 이해하는 열쇠라고 여겨졌던 것이다. 예를 들어, 그림은 자음 변화가 민족의 특성을 그대로 나타내 준다고 믿었다. 그림은 다음과 같이 주장하였다.

어떤 관점에서 보면 이러한 음성 추이는 다른 고상한 민족들은 주저한 야만적 일탈로 보이는 듯도 하다. 그렇지만 이 음성 추이는 중세 초기에 독일에서 찾아볼 수 있는 자유에 대한 격렬한 갈망과 연결되는 것이며 더 나아가 유럽의 변혁을 유발시킨 것이기도 하다.[2]

그럼에도 불구하고, 19세기를 통해 발전해 오는 과정에서 비교언어학의 실제적 움직임은 낭만주의 운동에서 점점 벗어나기 시작했다. 당대의 낭만주의적 감성을 견지하고 있었던 19세기 전반기의 비교언어학자들은 그들의 작업이 온 인류에게 공통되는 하나의 언어, 곧 원시 시대의 타락되지 않은 언어의 발견으로 그들을 틀림없이 이끌 것이라고 믿었다.

그러나 그러한 희망이 사라짐에 따라 두 가지 견해가 출현했다. 첫 번째로는 그들이 발전시키고 있던 방법론이 일반적인 방법론이라는 사실이 명백해졌다는 견해다. 곧 이 방법은 희미한 선사 시대에 일어난 음성 변화나, 당대의 도시화된 유럽에서 일어나고 있는 음성 변화 모두에 적용될 수 있다는 것이다. 예를 들어, 비교언어학적 방법론을 고대 언어들에 적용해서 인도유럽 조어를 재구성하는 데에 성공을 거둔 것과 마찬가지로, 이 방법론을 근대의 로망스 제어[*]에 적용해서 로망스 祖語(곧 라틴 구어口語)[**]를 재구성할 수 있다는 것이다.

더구나, 그들은 비교 방법론의 원리들이, 연구되는 언어를 사용하는 사람들의 기질, 문화, 사회, 신앙 등과는 독립적으로 기능한다는 것을 알게 되었다. 사실, 그러한 '인류학적인' 사실들은 조어祖語를 역사적으로 재구성하는 데 아무런 역할도 하지 않았다. 이 방법을 성공적으로 적용시키는 데 필수적인 유일한 기반은 연관된 언어나 방언들이 보이는 음성과 의미의 상호 대응 관계를 체계적으로 비교하는 것뿐이었다. 간단히 말해서, 비교언어학이 자율적인 학문이라는 사실이 비교언어학자들에게 받아들여진 것은 처음에는 그들의 실제적인 연구에서였으며, 다음에는 그들의 이론적인 학설에서였던 것이다.

비교언어학의 발달은 당세기의 모든 의미 있는 지성적 운동과 관계를 맺어 나갔다. 바로 첫 출발에서부터 비교언어학은 언어의 역사를 연구하는 더욱더 전통적인 접근법과 충돌이 있었다. 특히 비교언어학의 방법론과 결론들은 고전적 문헌학을 연구하는 이들을 괴롭혔다. 사실 그들이 고대 그리스어나 라틴어와 같은 언어에 주된 관심을 기울인 것은 일반적인 언어 변천을 이해하려는 욕구에서라기보다는 그런 언어들로 씌어진 문학 작품을 연구하는 것이 고대 문화를 더욱 잘 음미할 수 있도록 해주리라는 희망에서였다.

많은 고전적 문헌학자들은 이러한 비교언어학자들이 문학적 전통이 없는 언어들에 대해 지적인 관심을 보이는 것과 고전 문학의 내용보다도 고전 언어의 형식적 특성에 더 많은 관심을 두는 것에 대해서 경멸과 질책의 눈으로 바라보았다.

그러나 고전적 문헌학자들이 인문학적인 관점을 취한 데 반해, 비교언어학자들은 자신들이 언어에 대한 '과학적인' 접근법을 취하고 있다고 간주했다. 그들의 동료인 낭만주의자들과 함께 비교언어학자들은 뉴턴의 물리학을 모델로 하여 자연을 하나의 거대한 기계로 보는 초기 이성주의자들의 과학에 대한 관점을 거부했다. 낭만주의자들도 과학적인 모델을 가지고 있기는 했지만, 그들의 영감靈感은 생물학에서 나온 것이었다. 당시 유행한 메타포는 그 자신의 구성 요소를 조정하고 통합하는 하나의 총체, 곧 '유기체有機體'였다. 이 개념은 단순히 부분의 총합이라고 보는 뉴턴의 기계와는 전혀 다른 개념이었다. 그러나 낭만주의자들의 관점은 단순한 '메타포'를 훨씬 넘어선 것이었다. 초기의 많은 비교언어학자들은 언어란 말 그대로 하나의 유기체라고 믿었던 것이다.

독일의 비교언어학자 프란츠 보프는 1827년에 다음과 같이 썼다.

언어는 명확한 법칙에 따라 형성된 유기체로 간주되어야 한다. 곧 언어는 그 자신의 내부에 생명의 내적 원리를 지니면서 발달하고, 더 이상 자신을 이해시킬 수 없을 때에는 점차 소멸되어 간다. 원래는 중요했으나 점차 상대적으로 피상적인 부속물이 되어버린 단어나 형태는…… 방치되거나 오용되다가 제거되고 만다.[5]

그리고 그와 같은 시대의 포트도 같은 견해를 피력했다.

언어는 그 생명이 유지되는 동안 지속적으로 변화를 겪는다. 곧 그것은 모든 유기체들과 마찬가지로 성장과 성숙의 시기, 급속한 성장과 완만한 성장의 시기, 전성기, 쇠퇴기, 그리고 점진적인 소멸의 시기를 갖게 된다.[6]

당세기에 가장 걸출한 비교언어학자의 하나인 슐라이허(1821~1868)는 유기체 이론을 극단적으로 끌고가서는 언어들 사이의 유형론적 차이는 진화적 발전의 여러 다른 단계를 나타내며, 이는 자연계의 세 가지 발전 단계인 광물, 식물, 그리고 동물에 대응한다는 가설을 세웠다.

역설적으로, 언어를 유기체로 본 이 관점은 초기 비교언어학자들로 하여금 자율성의 표현으로 이끌게 한 완벽한 수단이 되었다. 물론 그들은 언어가 식물이나 동물처럼 어느 단계 또는 다른 단계에 (언어를 둘러싼 — 역자) 환경에 의해 영향을 받는다는 것을 인식했을 뿐만 아니라, 모든 유기체가 그 자신의 발달과 구조적 성격을 결정지어 주는 (결코 정확히 설명되지는 않지만) "생명의 내재적 원리"를 가지고 있다고 믿었다. 그리고 모든 식물, 동물, 그리고 언어가 각자의 고유한 내재적 원리를 갖고 있으므로, 결국 각각의 유기체는 그것과 다른 모든 것들에 대해서 '자율적'인 것이라 할 수 있었다. 19세기 초기의 진화론적 생물학자들이 식물과 동물들은 진화의 특정한 방식이 선천적으로 정해져 있다고 믿은 것처럼, 동시대의 언어학자들은 특정한 음운의 변화를 겪는 경향도 언어 자체 내에 본유적으로 정해져 있는 것이라고 믿었다.

그러나 1870년대에 이르러서 거의 모든 언어학자들은 언어를 유기체로 간주해야 한다는 견해를 포기하게 된다. 그러한 견해에 결정타를 날린 것은 다윈의 진화 모형이 과학자들 사이에서 보편적으로 받아들여지면서부터였다. 이 시점에서도 비교언어학자들이 유기체 학설을 견지하기를 원한다면 언어의 변화를 자연도태의 원리에 맞춰 설명해낼 수 있어야 했다. 그렇지만 대부분의 비교언어학자들은 특정 언어의 내재적 성격이 생존 비율과는 거의 아무런 상관관계가 없다는 것을 명백히 깨닫고 있었다. 19세기를 사분의 일 정도 남겨 놓은 시점에 이르러서 자율성의 개

넘은, 언어학 분야의 특징적 양상인 것으로 인정되던 움직임, 곧 언어를 '유기체'로 보는 관점과 결별하기에 이르렀다.

비교언어학의 방법론과 성과는 다른 많은 분야의 학자들에게 영감을 불러일으키며 영향을 주었다. 결국 언어학자들은 19세기 초, 즉 다윈의 진화론이 널리 퍼지기 훨씬 이전부터 그들의 연구 대상인 언어에 진화론적 접근법을 도입한 셈이었다. 언어학자들이 담당했던 이러한 선구적 역할은 이들의 성과를 찬양의 어투로 지적한 많은 이 시기의 대표적 학자들 — 생물학에서의 다윈, 지질학에서의 리엘, 역사학에서의 마르크스와 엥겔스, 사회학에서의 스펜서 — 에 의해 후한 인정을 받았다. 예를 들어 다윈과 리엘은 모두 비교언어학의 연구를 인용하며 이 연구물에서 진화론적 과정의 모델을 제공 받은 것을 지적하였으며, 또한 사회과학을 연구하는 학자들도 비교언어학에서 영감에 의한 착상을 얻어냈음을 지적하였다. 후대의 언어에 나타나는 형태의 체계적 비교를 통해 조상격의 언어를 재구성하는 것이 가능하기 때문에 공통의 기원을 갖는 문화로부터 갈라져 나온 문화들이 가지고 있는 제도들을 비교함으로써 신화, 종교, 법률 등의 원초적 형태를 재구성할 수 있다는 논리가 성립되었던 것이다. 그렇기 때문에, 예를 들면 메인 경이 비교언어학의 방법론을 원용하여 인도유럽어족민들의 원시적 법적 제도를 재구성하려는 시도를 했던 것이다. 『동양과

서양의 촌락 공동체』(1872)에서 메인 경은 자신이 비교언어학을 모델로 삼아 비교법률학을 세우고 있음을 명시적으로 밝히고 있다.

그러나 메인 자신도 이러한 시도의 한계를 언급하고 있다.

> 하지만, 내가 비교 방법론을 법률학에 적용시키면서, 중요성이나 신빙성의 관점에서 볼 때 비교언어학에서 이룩한 것과 같은 수준의 성과들을 획득하기를 기대한다면 그것은 매우 근거 없는 가식에 불과할 것이다. 그 이유를 하나만 들자면, 법률과 법 개념, 판단, 그리고 관습 등과 같은 인간 사회의 현상들은 외부 환경으로부터 받는 영향이 언어가 받는 그것보다 훨씬 더 광범위하기 때문이다. 이 사회 현상들은 개인의 의도에 의한 처분에 훨씬 더 많이 좌우되며, 결과적으로 외부로부터의 의도적인 영향에 의해 훨씬 더 변화하기 쉬운 것이다.[7]

다시 말해서 메인은 언어학자들과 마찬가지로 언어학에서의 비교 방법론의 성공은 언어 형식의 자율성에 기인한 것이라고 믿은 한편으로, 법률은 다른 사회 제도와 마찬가지로 "언어보다 훨씬 더 광범위하게 외부 환경으로부터 영향을 받기 때문에" 법률에 있어서는 자율성을 유추적으로 적용할 여지가 없는 것이라고 믿었던 것이다.

이처럼 특권적 위치를 갖는 언어의 '자율성'은 많은 분야에 있어서 언어 연구의 중요성을 강조하기에 이르렀다. 특히, 이 사실은 언어학자들로 하여금 통시론적(즉, 역사적) 측면만이 아닌, 언어의 다른 측면도 자율적인 존재로 유익하게 연구될 수 있을 것이라는 가능성을 탐색하게 주었다. 앞에서 본 것처럼 19세기는 역사주의가 대부분의 연구 분야의 지배적인 주류였으므로, 언어에 대한 학설이 거의 대부분 통시적인 지향에서 수립되었다는 것은 별로 놀랄 만한 일이 아니다. 당대의 한 저명한 비교언어학자는 심지어 언어에 있어서의 비역사적인 어떤 것이 과학적으로 다루어질 수 있을 가능성을 부인하기에 이르렀다.[8] 그럼에도 불구하고 공시론적인 문법 연구, 즉 특정한 한 시기의 특정 언어를 대상으로 한 연구들이 19세기에도 상당수 출판되었다. 그러나 매우 드문 예외를 제외하고는 자신을 언어학자라고 생각하는 학자들은 그러한 문법에 대한 저술을 중요한 임무로 여기지 않았다. 그것은 비교적 더 전통적인 문헌학자나 교육자, 혹은 선교사 같은 이들에게 맡겨도 되는 비교적 덜 흥미롭고 덜 과학적인 과업으로 여겨졌던 것이다.

그러나 19세기가 지나가기도 전에 역사적 시각과 과학적 시각을 동일시하는 경직된 사고는 흔들리기 시작했다. 공시론적 언어학 이론을 향한 초기의 행보는 많은 국가들의 여러 다른 언어학자들에 의해 거의 동시적으로 이루어졌다. 언어학의 역사를 저술하고 있는 것이 아니므로, 이 때 등장한 공시론적 언어학자들에 대해서는 일일이 언급할 필요가 없다. 그러나 소쉬르(1857 ~1913)가 행한 연구는 이 분야의 역사에 너무나도 커다란 영향을 주었고, 현대 지성의 거장 가운데 하나로 인식될 정도로 많은 학문들의 발달에 매우 깊은 영향을 주었다. 소쉬르의 강의 노트는 그가 죽은 후인 1916년에 『일반언어학 강의』*라는 이름으로 출판이 되었다. 이 책은 20세기 언어 분석의 주도적인 접근법으로 자리잡게 된 구조주의 언어학의 기본적 원리를 제시해 주었다. 이 책의 기본적 원리는, 통시론적 측면뿐만 아니라 음성 유형과 단어 형성의 원리들과 같은 언어의 공시론적인 측면 역시 자율적인 실재로서 생산적으로 연구될 수 있다는 것이다.

다음과 같은 이 책의 마지막 문장에서 우리는 공시 언어학이 자율성에 관해서 행한 고전적 선언을 확인할 수 있다. "언어학의 진정하고 유일한 연구 대상은 그 자체를 위해, 그리고 그 자체로서 연구된 언어 자체이다."[9] 20세기의 언어학자들은 이 말에 내재된 개념을 발전시키거나, 혹은 이러한 개념이 근본적으로 오류라는 것을 증명하기 위한 작업에 대부분 기여해 온 것이다.

3. 구조주의 언어학

언어학과 정치

The Politics of Linguistics

소쉬르가 죽은 1913년의 시점에서, 그가 20세기 공시론적 언어학의 선구자적 거장으로 여겨지게 되리라는 생각은 어느 누구도 생각해 본 적이 없었으며, 그런 생각을 했다면 비웃음의 대상이 되었을 것이다. 실제로 그의 모든 저술들은 통시태를 다룬 것이었고(그는 인도유럽어족의 비교언어학에 중요한 기여를 했다), 단지 그의 말년의 몇 해 되지 않는 동안에만 공시태에 대한 강의를 했을 뿐이었다. 그러나 소쉬르가 죽은 지 얼마 되지 않아 그의 제네바 대학의 두 동료가 학생들이 소쉬르의 강의를 받아 기록한 노트를 출판을 목적으로 편집하였다. 그 결과 생겨난 『일반언어학강의』는 즉각적인 주목을 거의 끌지 못했지만,

그로부터 사반세기 이후 세계의 많은 저명한 언어학자들은 그 저술을 그들 착상의 주요한 원천으로 간주하기에 이르렀다. 『일반언어학강의』가 소쉬르 자신의 강의 노트들과 그 책의 기반이 되었던 학생들의 노트들 모두와 심각하게 빗나가 있다는 사실이 1950년대에 발견되었음에도 불구하고, 소쉬르의 명성은 희미해 지지 않았다. 신화는 이제 인간보다 더 위대하게 되어, 소쉬르가 "진정으로 생각했던" 것이 무엇인가를 분류하는 데에 전념하는 조그만 산업이 번성하기에 이르렀다.

『일반언어학강의』의 중심 원리는, 언어의 체계성은 발화 전체 에서 추출될 수 있는 잘 정의된 하위 부분에 한정된다는 것이다. 이 하위 부분을 소쉬르는 '랑그'라 불렀는데, 그는 랑그를 '파 롤', 혹은 '발화 *speech*'와 대조되는 것으로 보았다. '랑그'는 언어 에 본래부터 내재된 구조적 관계들, 곧 언어 공동체의 구성원들 이 공통적으로 갖고 있는 관계들의 추상적 체계를 나타낸다. 반 면, '파롤'은 발화의 개인적인 행위를 나타내는 것으로서, 이는 정확히 똑같은 방법으로 두 번 수행되는 법이 결코 없다.

소쉬르는 언어를 교향곡에 비유한다. 랑그는 불변의 악보로 비유되고, 파롤은 한 번도 똑같이 연주되는 법이 없는 실제적 연 주로 비유된다. 소쉬르의 관점에서 볼 때, 랑그는 일관된 구조 체계를 형성하는 것이므로, 이 체계의 내재적 작용들을 설명하는 데 바쳐지는 언어에 대한 모든 접근법은 '구조적 언어학', 혹은 단순히 '구조주의'로 알려지게 되었다.

구조주의 언어학에는 다양한 변종들이 있지만, 이들 다양한 변종 모두는 언어를 불연속적 연구 대상으로 간주하고, 그 자신의 용어들로 분석하는 접근법을 취한다. 결과적으로, 랑그를 지배하는 원리들은 그들 자신의 내재적인 동력動力에 의해 나오는 것이다. 곧 그 원리들은 사회학, 심리학, 생리학 혹은 그 밖의 어떤 학문이든지 간에 다른 연구 분야들에 의해 발전된 원리들의 반영물이 아니다. 이런 의미에서 구조적 분석의 부산물, 곧 문법은 자율적 실체인 것이며, 따라서 구조주의 언어학은 자율적 학문인 것이다.[1]

랑그의 모델은 전형적으로 세 부문으로 구성되어 있다. 곧 소리 결합의 원리를 다루는 '음운론', 단어 형성의 원리를 다루는 '형태론', 그리고 단어들과 그보다 더 큰 언어 구성 사이의 관계를 다루는 '통사론'이 그것들이다.

구체적 예를 들어보자. 영어에서 'p'라는 소리는 단어의 처음에 나타날 때는 항상 기식氣息 *aspiration*을 동반하여 나는데, 반면에 'p' 앞에 's'가 앞에 위치하면 기식을 동반하지 않는다. (*pin* 과 *spin*, *pool* 과 *spool* 간의 대조가 그 예이다.) 이러한 일반화는 음운론에서 기술되는데, 곧 음소 'p'를 구성하는 소리들이* (그 소리들

이 소리들은 음소(phoneme)를 이루는 변이음(allophone)에 해당한다. —역자

이 실현될 수 있는 단어 내의 위치와 함께) 열거된다. 영어에 대한 형태론적 일반화의 예는 접두사 *un-*과 접미사 *-able*이 둘 다 단어 형성의 단위 혹은 형태소 *morpheme*라는 것이다. 예를 들어 단어 *unbreakable*은 구조적 분석으로 볼 때 세 형태소, 곧 *un-*, *-break-*, *-able*로 구성되어 있다. 구조주의적 문법에서의 영어 통사론은 적어도 단어가 소속되는 통사론적 범주(곧 품사)에 관한 정보를 담고 있다. 예를 들어 영어 통사론은 *may, will, can*이라는 단어들에 양상 보조동사라는 범주를 부여할 것인데, 이 범주는 결코 굴절 어미를 취하지 않는다는 점에서 *run, know, eat* 등이 포함되는 동사 범주와 구분된다. 그러나 다른 구조주의적 이론틀들은 통사론이 얼마만큼 랑그 아래에 포함될 것인가 하는 문제에 대해서 일치를 보이지 않고 있다. 실제로 모든 이론틀들은 방금 기술된 것과 같은 범주적 정보가 랑그에 귀속되는 것으로 보아 왔다. 그러나 상대적으로 소수의 이론틀만이 단어들의 연속을 더욱 큰 구들로 묶는 시도, 예를 들어, *The old man came to town* 이란 문장에서의 주요 휴지부는 *old* 와 *man* 사이가 아니라 *man* 과 *came* 사이에 있음을 결정하는 것과 같은 시도를 해 왔다. 그리고 문장들 간의 유사점과 차이점을 구조적으로 취급하는 이론틀, 예를 들어, *John threw the ball* 과 같은 능동의 타동문과 그에 대응하는 수동문인 *The ball was thrown by John* 사이의 구조적 차이점의 특성에 대해 명확하게 기술하는 이론틀은 상대적으로 매우 소수였다. 대부분의 (적어도 매우 최근까지의) 구조주의자들은 바로 앞에서 말한 두 유형의 통사론적 현상은 너무나 비체계적이고 특이한 것이므로 랑그 내에서 구조적으로 취급되기에는 부적절하다는 견해를 견지해 왔다.

언어에 대한 구조주의적 기술은 전형적으로, 분석 하에 놓여 있는 언어의 음소들, 형태소들, 그리고 통사론적 범주들의 목록을 작성하는 것이며, 이 목록에 대한 진술에는 그 목록의 항목들이 실현되는 위치에 대한 진술을 포함한다. 랑그에 대한 이러한 분류법의 요체는 『일반언어학강의』 안에 명시적으로 표현되어 있다.

> 실제적인 관점에서 볼 때, 단위들에서부터 시작한다는 것, 그리고 그것들이 무엇인지를 결정하고 또 그것들을 분류함으로써 그것들의 다양성을 설명한다는 것은 흥미로운 일이 될 것이다. … 다음으로 우리는 하부 단위를, 그 후에는 더욱 큰 단위들을 계속 분류해야 할 것이다. 이러한 방식으로 그것이 다루는 요소들을 결정함으로써, 공시론적 언어학은 그 과업을 완전히 성취하게 될 것이다. 왜냐하면, 공시론적 언어학은 모든 공시론적 현상들을 그것들의 기본적인 원리들에 관련을 지우기 때문이다.[2]

언어란 서로 간의 체계적인 상호 관련성을 맺고 있는 불연속적 단위들의 고립 가능한 핵을 가지고 있다는 생각은 세계 언어학자들의 마음을 사로잡았다. 언어에 대한 초기의 공시론적 연구는 논의 중인 언어에 작용하는 다양한 문법적인 과정들에 대한 관찰을 풍부히 한 반면에, 언어를 전체로서의 일관된 체계로 파악하여 접근하지는 않았었다. 구조주의 언어학은 그 목표가 그러한 체계들의 성격을 명확히 구명하는 데 있는 풍부한 연구 프로그램을 이 분야에 제공해 주었다.

1930년대 후반, 구조주의 언어학은 서구의 다양한 여러 학파들 내에서 번성하고 있었는데, 특히, 프라하, 코펜하겐, 파리, 제네바, 런던, 시카고, 뉴헤이븐 학파를 지적할 수 있다. 가장 활동적이며 성공적인 학파는 프라하였는데, 여기서는 구조주의 음운론이 고도로 세련된 모습으로 발전하고 있었다. 어떤 의미에서 프라하학파는 시발점이었다고 할 수 있다. 그 학파의 주도적인 인물들 중의 한 사람인 로만 야콥슨은 러시아 혁명 이전에 형식주의 운동을 펼치는 데 있어 중요한 역할을 담당했었다. 예술과 문학이 사회적 배경과는 독립되어 다루어져야 한다고 주창한 러시아 형식주의는 야콥슨으로 하여금 언어 또한 자율적 분석의 구조적 대상으로 다루어질 수 있다는 견해로 이끌게 했다.

1940년대경, 구조주의 언어학의 발전이 갖는 중요성은 언어학 분야뿐만 아니라 다른 분야에까지 명백하게 되었다. 다른 분야의 많은 이들은 만일 인문과학의 한 분야에서 불변의 기본적인 단위를 밝혀낼 수 있다면, 다른 분야에서 또한 그러지 못할 이유가 없다고 생각했다: 아마도 인간의 경험의 모든 영역은 이성과 질서의 유추적 플랜으로 조직화되었을 것이다. 많은 분야의 학자들은 그들 자신의 분야에서 랑그와 파롤에 동등하게 대응하는 등가물等價物을 탐구하기 시작했다.

미국에서는 구조주의 언어학의 충격이 인류학에 최초로, 그리고 가장 강력하게 주어졌다. 크로버의 "음소의 문화적 등가물은 무엇인가?"[3]라는 질문은 10년 간 인류학적 연구의 도화선이 되면서 언어학적 유추를 철저히 탐색하도록 이끌었다. 그리하여 1950년대경 클룩혼은 "인류학적 조망의 변별적 양상들은 기본적으로, 행동주의 과학자들 가운데 오직 문화인류학자들만이 지난 세대를 걸쳐 구조주의 언어학에서 이루어진 비범한 발전에 지속적으로 접촉해 왔다는 사실로부터 도출된다"[4]고 기술할 수 있기에 이르렀다. 미국에서의 구조주의 언어학의 영향은 곧 다른 영역의 연구들로 확장되어 갔는데, 사회심리학에서부터 정치적 소책자에 사용된 언어의 분석으로, 그리고 문학비평에 이르는 영역으로까지 확장되어 나갔다.[5]

구조주의 언어학의 기본 개념들은, 유럽의 학문 세계, 특히 프랑스의 학문 세계에 더 큰 영향을 끼쳤다. 제2차 세계대전 동안 로만 야콥슨과 프랑스의 인류학자 레비스트로스는 뉴욕에서 망

명 생활을 함께 했는데, 야콥슨은 망명 불란서 대학인 '에콜 리
브르 데 조트제튀드'[*]에서, 그리고 레비스트로스는 '사회연구 새
학교'[**]에서 강의를 했다. 그들 사이의 토의는 레비스트로스로
하여금 야콥슨과 소쉬르를 신뢰하도록 하는 데 결정적 역할을
한 문화 분석의 접근법, 곧 구조적 인류학의 개념들을 형성하도
록 이끌었다. 실제로 레비스트로스는 언어학자들이 구조적으로
유형화된 음소와 형태소를 발견한 것을 물리학에서 뉴턴이 이룬
혁명에 비유했다.[6]

　　1960년대경에 레비스트로스의 연구는 프랑스의 주요한 지적
운동을, 곧 문학에서의 롤랑 바르트, 역사학에서의 미셸 푸코,
심리분석학에서의 자크 라캉, 마르크스주의에서의 루이 알튀세
르와 같은 거물로 대표되는 지적 운동을 촉발시켰다.

　　역설적으로 구조주의 언어학에 의해 생성된 지적 동향은 구조
주의 언어학 그 자체보다도 더 큰 성공을 전후 유럽에서 거두었
다. 뿌리가 거기에 있었음에도 불구하고, 구조주의 언어학은
1940년대와 1950년대에 유럽 대륙에서 기념비적 업적을 잃어 버
렸다. 체코슬로바키아를 제외한 유럽의 구조주의자들은 일반적
으로, 학계에서의 조직적 자율성도, 또한 하나의 운동으로 성공
하기 위해 필수적인 공통된 전문적 목적의 개념도 발전시킬 수
없었다. 게다가 프라하학파가 체코슬로바키아에 세워 놓은 것들

[*] École Libre des
Hautes Études

[**] the New School for
Social Research

은 전쟁에 의해 빠르게 파괴되었다. 전쟁으로 인해 야콥슨과 같은 많은 주요 구성원들이 망명길을 떠나게 되었던 것이다. 그리고 전후 정권에 의해서도 파괴되었는데, 전후 정권은 프라하학파의 활동을 공식적으로 중단시켜 버렸다.

구조주의 언어학에 대한 정치적 반대는 너무나 강했기 때문에 구조주의 언어학이 다른 곳들에 발판을 붙이지 못하게 할 정도였다. 나치 독일과 파시스트 이탈리아는 모두, 구조주의가 국가 이데올로기와 모순된다면서 공식적으로 비난했다. 나치 집권 기간 중에 독일 언어학 잡지들의 모든 지면은 독일 정신이 독일 국민의 당당한 언어 안에서 어떻게 명백히 드러나는가에 대한 생생한 묘사로 채워졌다. 마찬가지로 이 시기의 이탈리아에서는 언어에 대한 많은 설명이 미학과 국가 숭배의 독특한 혼합으로 구성되었는데, 학자들은 단번에, 그리고 동시에 특정 언어의 특성들을 그 언어 사용자들의 가상적인 정신적 기질들과 동일시하는 데 주력했으며, 또한 창조적 표현의 매체로서 이탈리아어가 갖는 우월성을 제시하는 데 주력했다.

언어적 문제에 대한 이와 같은 방식의 접근법에 대한 국가의 후원은 자연스럽게, 구조주의 언어학에 대한 공식적인 비난을 동반했다. 사실상 이 기간에 독일과 이탈리아에서는 구조주의 언어학이 실제적으로 전혀 연구되지 않았다. 개별 언어들에 대해서 가치에 얽매임 없는 분석을 하고, 그 모든 언어들에 대하여 동등한 관심을 기울이며, 언어 사용자의 인종이나 문화적 수준을 고려하지 않는 구조주의는 독일과 이탈리아와 같은 국가에서의 공식적 이데올로기로 볼 때 파문破門의 대상이 될 수밖에 없었던 것이다.

구조주의 언어학이 그 평등주의적 견해 때문에 독일과 이탈리아에서 비난의 대상이 된 한편으로, 1950년 이전의 소련에서도 역시 부르주아 이데올로기의 산물로 간주됨으로써 불법적인 것으로 취급당했다. 소련에서의 공식적 견해는 구조주의 언어학이 구체적인 계급 관계가 아닌 추상적인 구조 관계를 그 체계의 중심부에 놓기 때문에 그 내용에 있어서 반동적일 수밖에 없다고 보았다. 더 최근에는, 마르크스주의와 현상학 같이 오랫동안 서구에서 유행해 온 지적 경향의 지지자들은 언어에 대한 구조주의적 관점에 대해 맹렬하게 (그리고 대개는 성공적으로) 반대 운동을 벌였다. 심지어 프랑스에서조차 지적 운동으로서의 구조주의가 그 절정점에 이르렀을 바로 그 때에도 구조주의 '언어학'은 30여 년 전의 영향력에 비하면 거의 아무런 영향을 끼치지 못했다. 그것은 앙드레 마르티네가 중요한 구조주의 프로그램을 발전시켜 나간 소르본 대학과 소수의 다른 연구소를 제외하고는 무의미한 영향력을 가질 뿐이었고, 또 그런 상태로 지속되고 있었다. 의미론 연구로 잘 알려진, 폴란드의 마르크스주의자 아담 샤프는 "이 분야의 문헌에 아주 조그만 영향을 끼친, 그리고 아마도 아주 덜 알려진 순수한 구조주의 언어학과 함께, 프랑스에서 증식된 다양한 구조주의들"[7]에 대해 언급하고 있다.

사실, 구조주의 언어학이 제2차 세계대전 동안 그리고 그 이후에 실제적으로 영향력을 얻은 것은 오직 미국과 영국에서였다. 1950년대 말까지만 해도 독립된 언어학과가 손으로 셀 정도에 불과했지만, 그럼에도 불구하고 그 학과의 존재와 특권은 매우 강력한 것이어서 다음 10년간 대학이 팽창되는 동안 언어에 대한 자율적 지향성을 가진 학과들에 투자가 집중될 정도였다. 그리하여 당시 형성된 대부분의 언어학과들은 처음부터 자율 언어학에 의해 통제되었다.

구조주의가 미국에서 성공을 거둔 데에는 세 가지 요인이 중요하게 작용했다.[8] 첫째, 구조주의자들은 그들을 다른 대부분의 언어학자들과 구별하게 하는, 그리고 그들을 규합할 수 있게 하는 고도로 가시적인 문제를 발견했다. 둘째, 과학의 특권적 위치가 그 정점에 이르렀던 장소와 시대 안에서 그들 자신이 언어에 대해 오직 '과학적인' 지향성을 가지고 있다는 이미지를 줄 수가 있었다. 셋째, 그들은 재정적으로나 조직적인 면에 있어서 그들을 도와 줄, 힘 있고 부유한 후원자를 가질 수 있었다.

미국 구조주의 언어학자들을 규합하게 한 요체는 (더 좋은 용어를 아직 찾지는 못했지만) '평등주의'라고 말할 수 있다. 언어학에서의 이 원리의 정수는, 어느 정도 근본적인 의미로 볼 때, 세계의 모든 언어는 하나의 동일한 거푸집으로부터 나온다는 것이다. 구조주의적 용어로 볼 때, 이 원리는 모든 언어들과 방언들은 동일한 방식을 사용하여 분석될 수 있다는 것, 그리고 그 속성을 자율적인 구조적 체계의 용어로 적절히 기술할 수 없는 언어는 하나도 없다는 것을 의미한다. 더 나아가 평등주의는 체계의 속성이 언어마다 현저하게 다양할 수 있다는 사실을 부인하지 않는 반면, 체계의 복잡성이 어떠한 방식으로든 간에 언어 사용자들의 문화적 진보의 수준과 상호 연관성을 갖는다는 생각을 반박한다. 사실상 일반적으로 구조주의 언어학자들은 문법들이 관계의 복잡성 정도에 의해 효과적으로 비교될 수 있다는 생각을 반박해 왔다.

언어학에서 평등주의를 옹호한 가장 영향력 있는 초기 인물은 프란츠 보아스였는데, 그의 가장 잘 알려진 저서인 『미국 인디언 언어 편람』*의 첫 부분이 1911년에 간행되었다. 미국의 언어학자뿐 아니라 대부분의 미국의 인류학자들은 그들의 지적 계열의 근원을 보아스에 두고 있다. 보아스는 비서구 언어들의 소리는 모호하고 일정치 않아서 전사轉寫를 어렵게 만들며 그 언어들의

* Handbook of American Indian Languages

문법 구조는 추상적 개념을 표현할 수 없다는 주장에 대하여 강력한 반대를 펼쳤다. 보아스는 이런 주장들의 정치 이데올로기적 성격을 투명하게 드러내는 한편, 비서구 언어들의 문법적 정교화가 서구 언어들만큼이나 진보적이라는 것을 상당한 공을 들여 제시하였다.

모든 언어들과 방언들이 언어학적으로 동등하다고 선전하는 것은 학술적으로나 대중적으로 미국에서의 언어학적 저술물의 보증 역할을 하게 되었다. 보아스의 제자인 에드워드 사피어는 그의 고전적인 저서 『언어』에서 다음과 같은 감상을 피력했다. "언어적 형식의 문제라 하면 플라톤이 마케도니아의 돼지치는 사람과 다를 바 없으며, 공자가 아삼(인도 북동부의 주 — 역자)의 사람 사냥하는 야만인과 다를 바 없다."[9] 그리고 오늘날까지 개설적인 교과서들은 동일한 요점을 단단히 주입하고 있다. 한 예로, 프롬킨과 로드먼의 『언어에의 입문』은 언어학 입문 학생들에게 다음과 같이 진술하고 있다.

당신의 문법 규칙이 다른 사람의 문법과 다를지라도 당신의 문법에는 아마도 어떤 잘못도 없을 수 있다. 언어학자들에 의하면 어떤 언어든 간에 혹은 어떤 언어의 변종(이른바 방언)이든 간에 그것이 '언어학적' 의미에서 다른 언어나 방언보다 우월하지 않기 때문이다. 모든 문법은 동등하게 복잡하고 논리적이며, 표현하고 싶은 어떤 생각도 표현할 수 있도록 무한 집합의 문장을 생성할 수 있다. 만약 어떤 생각이 한 언어 또는 한 방언에서 표현될 수 있다면 다른 언어나 방언에서도 표현될 수 있다. 당신은 다른 방법과 단어들을 사용할지 모르지만, 여하튼 그 생각은 표현될 수 있다. 문법은 언어의 본질을 결정짓는 것이기 때문에, 어떤 문법도 아마도 비언어학적 논거를 제외하고는 다른 것보다 우월하지 않다.[10]

시작부터 미국의 구조주의자들은 그들의 직업적 정체성正體性을 구체화할 수 있는 논거로서 '평등주의'를 생각해 냈다. 사피어와 함께 미국 구조주의 언어학을 발전시킨 블룸필드에 따르면 그 생각은 1924년 미국언어학회의 창립을 이끌어 내는 데 부분적으로 기여했다. 블룸필드는 이 학회가, 고도로 문명화된 사람들의 언어가 '야만인'의 언어와 같다는 생각에 대한 저항을, 그리고 평균적인 사람들이 "상식에 대한 모순"을 발견케 하는 그런 생각에 대한 저항을 중화시켜 줄 것이라고 기대했다.[11]

미국 언어학에서 그렇게도 중심적인 역할을 한 평등주의 원리는 유럽 구조주의 언어학의 발전에 있어서는 중대한 역할을 담당하지 못했다.* 유럽인들은 그 원리를 일반적으로 수용하기는 했지만, 그들은 그 원리를 그들 자신을 직업적으로 구별짓게 하는 이슈로 삼지는 않았다. 사실상, 대륙의 많은 언어학자들은 적극적인 적대감으로 평등주의 원리를 대했던 것이다. 1948년 네덜란드의 비교언어학자 J. 곤다는 인도네시아 어족의 언어처럼 '원시적인' 언어에는 비교주의 방식의 적용이 불가능하다고 기술했으며, 1964년과 같이 멀지 않은 시기에도 스웨덴의 구조주의자 말름베리는 구조주의적 원리는 문자 언어와 비문자 언어 간에 다른 방식으로 적용되어야 할 것이라고 주장했다.[12] 전자의 견해는 미국의 구조주의자 트래거에 의해 "절망적인 표현이다, 언어에는 순전한 자기민족중심적 인종주의가 있을 수 없다."[13] 라고 즉각적으로 비난당했다.

미국 구조주의자들이 그들의 주장을 멀리 떨어져 있는 부족들의 언어 연구를 통해 확신해 나가는 동안에는 양대전 사이의 시대에 놓여 있었던 현대와 고전 언어학과의 동료들을 혼란에 빠뜨리는 일은 거의 없었다. 그러나 설사 '비표준적인' 것으로 간주될 수는 있더라도 영어와 그리고 다른 문자 언어들의 모든 '방언들'이 언어학적으로는 동등하다는 주장을 펼치기 시작하면서부터는 상황이 달라질 수밖에 없었다. 이런 평등주의적 견해는 인문과학 내에서 오랫동안 자리잡아 온 전통, 곧 문자로 표현된 언어의 가치를 높이 평가했던 전통과 직접적으로 충돌하게 되었던 것이다.

이 시기로부터 수많은 언어학자들은 어문 학과에서 겪고 있는 어려움을 토로하기 시작했다. 스터트반트에 의하면 미국언어학회 주관으로 매년 열리는 하계 학술대회는 그 규모가 점차 확대되어 나갔는데, 그 이유는 광범위하게 많은 언어학자들이 "언어학자들에 대한 이해나 공감이 거의 없는 이들이, 그리고 계속 고용되기 위해서는 고개를 숙일 수밖에 없는 이들이 스태프로 있는 학과에 그들 자신이 놓여 있음을 발견했기"[14] 때문이었다. 1930년대부터 활동한 또다른 언어학자는 "소수의 어문 학과가 언어학자를 환영할지라도 거의 대부분은 매우 강경하게 적대적이다"[15]고 언급했다. 그 분위기는 사피어와 블룸필드의 뒤를 이어 미국의 주도적인 언어학자라 할 수 있는 해리스가 펜실베이니아의 동방 언어학과에서 언어학을 가르칠 수 없을 정도로 심각했다. 오히려 그는 인류학과에서 "구비口碑 언어들의 분석을 가장하여"[16] 언어학을 가르쳐야만 했다.

일반 대중들에게 언어의 평등성 개념을 알리려는 시도 또한 비슷한 저항에 부딪혔다. 구조주의 언어학자들은 영어의 비표준적 변이들(곧, 방언형 – 역자)을 폄하하는 견해와는 상충되는 평등주의적 견해를 펼치는 한편, 이에 따라 규범 문법에 대한 반대 견해를 펼친 결과로, 언어적이고 문화적인 전범典範들과 가치들을 고의로 파괴하는 이들로 간주되어 왔다. 멀지 않은 1950년에, 미국의 구조주의자 로버트 홀은 표준어이든 비표준어이든 간에 모든 방언들의 언어학적 가치를 옹호하는 책을 사적으로 출판할 것을 강요받게 이르렀다. 어떤 출판업자도 그런 입장과 결탁되는 것을 원치 않았기 때문이었다. 더블데이 출판사는 그것의 상품성이 판명된 10년 이후에서야, 그것도 홀이 그 책의 제목을 선동적인 것으로 들리는 '*Leave Your Language Alone!*'에서 중립적인 '*Linguistics and Your Language*'로 바꾼 이후에야 그 출판을 떠맡았다.

1964년 미국 언어학회는 '인문학 국가위원회'에, 언어학에 있어서의 최근의 진보가 일반 대중에게 끼친 영향은 "본질적으로 아무것도 없는 것"으로, 다만 "상당한 수준의 고등 교육을 받은 문외한들이 그들이 소중히 여기는 모든 것들에 대한 큰 적을 언어학에서 발견하고 있는 것"[17]으로 보고하였다. 그 비난은 모든 다른 방면으로부터도 퍼부어졌다. 예를 들어, 역사학자 바르죙은 "우리가(역사학자들이 − 역자) 문화의 중심에서 확인하는 바처럼 언어의 지위에 대한 …… 막중한 책임이 현대 언어학자들에게 있는 것"[18]으로 다루었다. 또한 미국 학생들의 학업 수행 능력이 저하되고 있음을 문서화한 최근의 보고서들은 더욱 더 적대감을 강화하였다. 보고서의 저자들은 교단에 선 언어학자들의 자유분방한 묵인이 학업 능력 저하의 주요한 요인이라면서 언어학자들에 대한 비난을 노골적으로 가했다.

사실, 구조주의 언어학자들은 그런 비난에 대해서 자유로울 수 없었다. 그들의 평등주의에 대한 언질은 그 자신들을, '올바른' 발화 형식은 규범적으로 규정되어야 한다는 생각, 곧 규범 문법과의 관계를 끊게 했기 때문이었다. 대응되는 유럽 언어학자들의 대부분이 규범문법을 반대하기는커녕 국가 언어를 규정하기 위해 대륙 각국에 세워진 연구소나 위원회에서 업무에 종사했던 반면에, 미국의 언어학자들은 그들의 역할이 규범 문법학자로 행동하는 데 있다는 생각을 일관되게 거부했으며, 많은 그러한 규범들의 논리적 취약성을 기꺼이 드러내고, 그 규범들의 토대들을 정치적 입장에서 비난했다.

규범 문법은 매혹적인 역사를 갖고 있다. 언어학자 제프리 눈베리가 보여주듯이, 18세기 규범 문법의 원천은 고전적인 자유주의 사상에 확고한 기반을 두고 있었다.

> 그렇다면 그 사람의 출생이나 지위가 무엇이든지 간에, 학식과 양식을 가진 이들의 자유로운 담화 속에서 언어적 가치가 가장 잘 결정된다는 주장에서 보듯이, 훌륭한 용법의 현대적 교리는 그 시작부터가 자유주의적 사상과 결부되어 있었다. 그러한 결부는, 오웰*Orwell*, 오든*Auden* 그리고 트릴링*Lionel Trilling* 같은 사람들이 전통적인 언어적 가치를 지속적으로 옹호해 온 것에서 보듯이 20세기 전반부까지 지속되었다. 문법의 교리가 엄격한 약호로 간주되게 됨으로써 보수주의자들이 문법 교리의 옹호자가 된 것은 겨우 최근의 일이다.[19]

눈베리는, 규범 문법이 보수주의의 보루로 변형된 것은 일차 세계대전까지 관습과 문화를 지배하여 온 동질적인 사회 엘리트들이 와해되고 대중 교육이 증대된 탓으로 돌렸다.

> 노동 계급의 학생들에 있어서, 더욱 최근에는 소수 민족과 소수 인종 집단들의 구성원들에 있어서, '올바른 영어'의 숙달은 대명사 일치 등과 같은 전통적 규칙들을 학습하는 것 이상의 상당한 함의를 갖고 있다. 그들은 전통 문법가들이 항상 전제해 온 중류 계급의 발화 습관들을 숙달하기 위해 학습해야만 한다. 그리고 전통적 규칙들과는 달리 그러한 습관들은 어떤 합리적인 정당성도 갖지 못한다 …… 불가피하게 교사들은 전통 문법의 합리적인 프로그램에 결코 기반을 두지 않는, 단지 계급과 인종의 고약한 구별에 기반을 둔 용법의 규칙들을 가르치는 데 더 많은 시간을 소모하는 자신들을 발견하게 된다.[20]

그리고 계급과 인종만이 유일한 이슈는 아니다. 드라마 비평가이며 대중적 문법가인 사이먼으로부터 제기된 다음 이슈를 살펴보자. 언어 지식에 대한 결핍을 오히려 자랑으로 여기면서,[21] 그리고 규범적인 '훌륭한 문법'에 대한 그의 옹호가 결국은 우익적 입장을 노골적으로 드러내는 것임을 보인 바 있는 사이먼은 다음과 같이 훈계하고 있다. "열광적인 페미니스트들로 하여금 그것이 '그 또는 그녀가 원하는 대로'라야 한다는 것을 당신들에게 확신시키도록 하지 말라. 그것은 위로를 받을 만한 가치가 없는 극단주의자들을 위로하는 목적을 갖는 것 이외의 아무런 의미도 없는 꼴사나운 것이다."[22] 흑인 영어가 "무지하거나 오도되거나 혹은 단지 게으른 이들의 언어이기에 구별을 행하는 것은 불필요한 노력"[23]이라는 사이먼의 주장이, 완전히 명백하게 인종 차별적 이론과는 별개의 것이라고 할 만한 게 하나 있다면 그것은 그가 흑인들의 '무지'를 그들의 발생학적인 유전 형질 탓인 것으로 명시적으로 돌리지 않았다는 것뿐이다.

그렇지만 비록 구조주의 언어학자들이 비표준적 방언들의 평등성에 대해 고집했다고 하더라도, 사람들을 규범적 틀에 순응케 하는 것까지를 거부한 것은 결코 아니었다. 로버트 홀은 다음과 같은 구분을 제시하고 있다.

> 충분히 종종, 우리는 우리들의 용법을 변화시킬 필요성을 발견할 수 있다. 단지 사회적이고 경제적인 성공이 어떤 규범에 의존하기 때문에, 그리고 우리의 발화가 한 규범으로서 이용될 것들 중의 하나이기 때문에 말이다. 이와 같은 상황에서, 조정을 행하는 것은 권할 만하다. 그러나 그 조정은 우리들 발화의 실제적이고 사회적인 수용 가능성의 기반 위에서 이루어지도록 해야 할 것이다……[24]

홀이 언급한 내용은 비록 이론상으로는 방언들이 평등하다고 하더라도 실제적으로는 평등하지 않다는 것이다. 대부분의 미국 구조주의자들은 방언을 쓰는 화자들이 지배적인 표준어를 모방하게 하는 데 있어서 어느 다른 이만큼이나 열성적이었다. 그러나 이는 다른 토대들 위에서 이루어진 것이었다. 여전히, 어떤 이는 그들이 퍼뜨리는 절충적 메시지("비표준적 방언들도 좋다, 그렇지만…")가 그러한 방언들이 언어학적으로 표준어와 동등하다는 그들의 기본적 신조에 대한 공적인 적개심에 대해 적어도 부분적으로는 책임이 있지 않을까 하고 생각한다.

미국의 구조주의가 평등주의적 견해 때문에 고통을 받았음에도 불구하고, 결국은 이러한 언질이 구조주의의 성장에 긍정적 효과를 가져왔다. 항상 대중적 주목을 받게 하는 이슈에 매달림으로써 구조주의 언어학은 뛰어난 학생들을 줄을 세워 모집하게 함과 동시에 지원액을 받는 데 있어 성공적으로 경쟁하도록 하게 하는 시야를 유지할 수 있었다. 구조주의 언어학자들은, 미국의 경쟁적인 학문 풍토에서, 곧 어떤 입장을 취하는가가 얼마나 성공적으로 그 생각들을 알려지게 하는가를 결정짓는 그런 풍토에서, 관심을 끄는 데 성공적이었던 것이다.

1940년대와 1950년대의 미국 구조주의 언어학의 두 번째 현저한 특징은 스스로를 언어에 대한 유일한 '과학적인' 지향성을 갖는 것으로 정의한 데 있었다. 이런 주장의 성공을 위해 그 주장의 중요성을 지나치게 강조할 필요는 없었다. 이 시기의 미국에서는 ‘과학’의 덮개를 덮고 있다는 것이 곧 찬탄과 명성을 보장 받는 것이기 때문이었다. 그리하여 구조주의 언어학은 자연 과학의 결과에 비견할 만한 업적과 가장 근접한 결과를 낳는 인문 과학의 한 분야로 간주되었다. 한 비평가가 언급했듯이 미국의 구조주의 언어학은 “방법적으로는 장이론 물리학, 양자 역학, 이산離散 수학, 그리고 게슈탈트 심리학에 비견될 수 있었다.”[25]

이 시기에 있어서 어떤 것이 ‘과학적인 것’으로 정의된다는 것은 철저히 경험적이라는 것을 의미했다. 미국에서의 많은 주도적인 구조주의 언어학자들은 철학이나 사회과학에서의 그들의 동료처럼, 경험주의적 가정을 그들의 이론에 통합시켜 나갔다. 이런 점에서의 미국의 선구자는 블룸필드였는데, 그는 경험주의 철학, 행동주의 심리학, 그리고 미국의 구조주의 언어학 사이의 긴밀한 관계를 기술하는 데에 온 힘을 기울인 단행본을 썼다.[26]

블룸필드의 강령을 가장 충실히 따른 1940년대와 50년대의 미국 구조주의자들은 구조주의 언어학을 엄격한 경험주의의 노선에 맞춰 재구성하는 것을 시도했다. 그들의 목표는 관찰 불가능한 것에 대해 의지하지 않고도, 그리고 어떻게 진전되는 것인가에 대한 언어학자 자신의 직관에 도움을 받지 않고도, 가공되지 않은 자료로부터 한 언어의 음소와 형태소, 통사 범주가 전적으로 추출될 수 있는 일련의 기계적인 절차를 고안해 내는 것이었다.

블룸필드는 그의 운세를 '과학'에 걸어 둠으로써, 그와 그의 추종자들이 미국의 구조주의 언어학을 지배하게 될 것임을 확신했다. 사피어와 그의 제자들처럼 경험주의의 풍조에 저항하는 이들은 언어학 이론과 방법론에 대한 토론에서 점차 자신들의 영향력이 없어짐을 알게 되었다.* 그리하여 1950년대에는 블룸필드주의자들이 거둔 성과가 너무 컸기 때문에 미합중국에서 언어에 대해 순전히 인문학적 접근법을 취한 이들은 '언어학자'로서 간주될 수조차 없을 정도에 이르렀으며, 이러한 사태는 오늘날에도 여전히 이어지고 있다.

그들의 경험주의적 관점은 더욱 간접적인 방법으로, 다른 분야에서의 미국 구조주의자들의 성공에 기여하였다. 경험주의적 관점은 그들로 하여금 언어의 본질(혹은 언어와 다른 현상들과의 관계)에 대한 폭넓고도 근본적인 질문들을 던지는 것을 단념하게 하였기 때문에, 미국의 구조주의자들은 오로지 음소 분석과 형태소 분석의 절차를 개발해 내는 데만 전념했다. 이에 따라 그들의 유일한 직업적 충성이 언어학 분야와 그 분야의 독특한 테크닉에 놓여 있는 '전문가' 그룹이 미국에서 생겨나게 되었다.

미국의 경험주의적 입장에 의한 실천적 결과를 극명하게 보여 주는 것으로는 '의미'를 다루는 그들의 태도 이상의 것이 없다. 유럽 학자들에게는 의미를 전달하는 데 있어서 언어가 갖는 역

사피어와 블룸필드 간의 지적 차이의 요체는 블룸필드가 붙인 사피어의 별명 '주술사(medicine man)'에 의해, 그리고 "블룸필드의 미숙한 심리학"이라고 한 사피어의 언급에 의해 잘 포착될 수 있다.[27]

할에 대한 이해는 아주 중요한 것이었다. 따라서 그들은 구조적 분석을 통해 도달한 단위들의 의미적 기능에 대해 상당한 주목을 기울였다. 의미에 대한 그들의 몰두는 곧, 역시 의미를 연구해 온 철학, 심리학 혹은 비평론 같은 분야와 끊임 없이 접촉해 왔음을 의미한다. 역설적으로 그들의 학제적 관심은 언어학을 하나의 독립적인 분야로 만들려는 그들의 노력을 위축시켰다. 다른 한편, 몇몇 미국의 구조주의 언어학자들은 언어학 분야로부터 의미에 대한 연구를 깔끔이 없애 버리려고 시도했다. 그들은 계량화하고 조작하기에 그토록 어려운 개념을 언급하는 일조차 불유쾌하게 생각했다. 그러나 그들 견해의 바로 그 한계가 분명하게 정의된 영역을 가진 변별적 분야를 창출하도록 도와주었다.

경험주의적 지향성을 강렬히 지지한 미국의 구조주의 이론가들에게 있어서 유럽의 언어학 연구는 과학이라기보다는 일종의 신비주의와 같은 것으로 보일 뿐이었다. 로버트 홀은 강렬한 감정을 가지고 그의 그룹에 대한 전형성을 다음과 같이 말한다.

> 오늘날 유럽의 지적 분위기는 객관적 과학에 대한 (본질적으로 반동적인) 적대감에 의해, 그리고 '정신적 행위', '인간 영혼의 창조성'의 교조와 사회적으로 편향된 가치 판단(이는 유럽의 학문 풍토가 중세와 르네상스 지성주의의 귀족주의적이고 신학적인

배경으로부터 물려받은 것이다)에로의 회귀에 의해 영향을 받았다. 이 반동적 태도는 현대의 많은 유럽 언어학도들의 이론화 작업 안에 존재하고 있는데, 이들은 가상적으로 언어에 반영된 '생각'이나 '정신'과 같은 순전히 상상적이고 논증할 수 없는 허구에 대한 토의를 하는 가운데 구체적 자료의 실증적인 분석을 희생시키고 있다. 미국의 언어학적 작업에 있어서 당면한 초미焦眉의 문제는 이같은 반과학적인 태도가 언어학의 더 나아간 발전을 차단하도록 허용할 것인가, 아울러 인간사에 대한 우리의 이해에 대한, 특히 우리의 교육에 대한 언어학의 기여를 봉쇄하도록 허용할 것인가의 여부에 있다.[28]

이에 대해, 유럽에서 망명하여 당시 미국에서 강의를 하고 있던 스피처는 홀의 태도는 당시 미국에서 널리 유행하는 것에서 벗어나는 견해들을 진압하기 위해 '학문적인 F.B.I.'를 세우려 하는 것이라면서 비난을 가했다.[29]

확실히 이차세계대전 직전 시기와 이차세계대전 시기의 유럽 언어학에 대한 미국의 적대감의 대부분은 언어 연구의 본질에 대한 인식 차이에 기반을 둔 것이었다. 그러나 그보다는 미국 학자들의 감정이 더욱 개인적인 분노에 의해 가열되었다는 점 또한 부인할 수 없다. 많은 미국 학자들은 한정되어 있는 직장들이 자기들 대신에 유럽 망명객들로 채워지고 있다는 것을 느꼈다. 물론 그들의 분노는 직장을 찾기가 거의 힘든 대공황 시기에 더욱 강하게 분출되었다. 이에 대한 앙갚음인 양 미국의 주도적인 이론가들이 "우리는 유럽 학자들에게 그들이 결코 꿈꾸지도 못한 어떤 것을 갖고 있음을 보여줄 것이다"[30]라고 호언장담하는 소리를 자주 들었던 것을 로버트 홀은 잊지 않고 있다.

그러나, 이차세계대전이 끝나고 학자들의 대륙간 접촉이 증가한 결과, 1940년대 말경에 이르러서는 화해의 징후가 양쪽 진영에서 모두 나타나기 시작했다. 1951년에 주도적인 프랑스의 구조주의자 앙드레 마르티네가 쓴 저서에 대해 미국의 호케트가 지극히 호의적인 서평을 쓴 것을 확인할 수 있으며, 마르티네 또한 미국인과 유럽인이 상대방의 작업을 서로 이해하기 어렵게 훼방 놓는 것은 단지 용어의 차이에 기인한 것이라는 글을 남겼다.[31]

세 번째, 그리고 아마도 구조주의 언어학이 미국에서 성공을 거둔 가장 중요한 이유가 아닌가 하는 점은, 미국 정부가 직접적으로든, 간접적으로든 간에 구조주의적 연구를 후원해 줄 때 얻는 이익을 일찍부터 깨달았다는 데 있다. 이차세계대전 직전부터 시작된 정부와 학자들 사이의 특별한 관계는 그 분야에서 아주 중요한 역할을 했기 때문에 "'미국 구조주의'는 인류학을 지향한 것이 아니라 미합중국의 국제적 간섭을 지향한 현장 답사 경험에 의해 종전 이후 형성된 것"[32]이라고 말해질 수 있을 정도였다.

그 관계는 1939년, 학자들에게 연구비를 제공하는 미국의 주요한 기구들 가운데 하나인 ACLS(미국고등학술평의회)의 총무였던 그레이브스에 의해 제안된 생각의 결과로 시작되었다. 그레이브스는 구조주의 언어학자들이 기록되지 않은 미국의 인디언 언어를 분석하면서 거둔 성과에 대해 깊이 감명을 받았고, 또한 그들이 그레이브스가 불가피한 것으로 간주한 세계 도처에서의 충돌에서 전략상의 중요성을 갖게 될 언어의 분석에 있어서도 똑같은 성공을 거둘 수 있을 거라는 판단을 내렸다.[33] 게다가 구조주의 학자들은 그들의 분석 방법이 미국의 힘이 필요로 하는 문법과 언어 입문서에 대한 준비에 직접적으로 적용될 수 있다고 스스로 확신했고, 또한 다른 사람들에게도 그러한 사실을 확신시키는 데 성공했다. 사실상 그들은 언어에 대한 다른 접근법과는 달리, 구조주의적 언어 접근법이 갖는 가장 위대한 미덕 가운데 하나는 그들 접근법이 교육적 적용에 직접적으로 연결되는 것이라고 자랑했다. 그들이 말하는 소위 "언어 교육의 언어학적 방식"은 거의 대부분, 그들의 분석 결과로 나온 구조적 패턴 내에서 학생들을 직접적으로 반복 훈련시키는 것으로 구성되어 있었다.

미국의 구조주의적 언어학자들이 어떻게 언어를 가르칠 것인가 하는 문제를 '해결'했다는 견해가 광범위하게 받아들여진 결과로서, 미국 정부는 필요한 일이 있을 때면 다른 지향성의 언어학자들이 아닌, 바로 구조주의적 언어학자들에게 일을 맡기게 되었다.

1941년에 록펠러 재단으로 받은 십만 달러로, ACLS는 ILP(집중언어프로그램)를 조직하고, 당시 미국언어학회의 회계 이사였던 코원을 디렉터로 임명하였다. 1943년 여름경에 ILP는 8개의 대학에서 26개의 언어를 칠백 명 이상의 학생들에게 가르치는 56개의 코스를 지휘하기에 이르렀다. ILP가 전쟁 말엽에 종결되었을 때, 미합중국 내의 모든 훈련받은 언어학자들이 그 프로그램에 참여해 온 것으로 어림짐작되었다.*

미합중국의 언어학자들에게 자금 및 고용, 연구 기회를 제공하는 데 있어서 그레이브스가 보여준 조직적 기술은 그 분야의 발전의 주요한 요인이었으며, 미국 구조주의 언어학의 성공에 있어서 보아스와 사피어, 블룸필드, 워프의 작업과 똑같은 정도의 역할을 한 것으로 간주되었다.[35]

미국이 전쟁에 참여한 직후에, 육군은 직업적 복무를 위한 목적으로 ACLS를 통해 미국언어학회에 관심을 돌렸다.[36] 1942년에 이미, 잡지 『히스패니아』는 다음과 같은 진술을 싣고 있다. "[ILP의] 디렉터는(곧 코원은) 언어적 문제들에 실천적으로 봉착하고 있는 정부 조직의 모든 요원들에게 이런 문제들에 대한 조언을 주기 위해 소환되고 있다. 이 정부 조직에는 육군, 해군, 그리고 해병 부대의 수많은 부서들뿐만이 아니라, 전략정보사무국, 경제복지위원회, 법무성 등이 포함되어 있다.”[37]

전쟁 기간 동안 정부―ACLS-LSA의 공동 작업이 거둔 것 가운데 가장 가시적인 산물은 ‘유용한’ 소책자들이었다. 이에는 56개의 언어들에 대한 포켓판 언어 지침서들과 이에 동반된 기록들, 그리고 13개의 언어들로 씌어진 흠잡을 데 없는 독학 언어 과정들이 포함된다. 그러나 또한 이론 언어학도 거의 무제한적인 정부 보조금의 시혜에 대한 보답으로 발전해 나갔다. 마틴 주스는 미국 구조주의 언어학 총서에서 다음과 같은 사실을 주목했다. “전시戰時의 연구가 온상의 분위기에서 이루어졌으며, 이에 따라 그 전에 이루었던 것보다 훨씬 더 신속하게 발전해 나가게 되었다.”[38] 이런 발전의 결과물은 학문적 저술의 출판에 대한 전시 제한이 풀리게 된 이후, 출판사로 몰려들게 되었다. 1956년까지 미국의 구조주의를 포괄한 주스의 총서에 실린 논문들의 삼분의 일이 전쟁 이후 3년 이내에 출판된 것들이었다. 미국 언어학의 두 주요한 업적물인 블룸필드의 『외국어의 실천적 연구를 위한 지침서』*와 블로흐와 트래거의 『언어 분석 개요』**는 원래 ILP에 의해 출판되었으며, 나중에 미군교육국에 의해 재발행되었다. 그리고 로버트 홀은 『*Studies in Linguistics*』, 『*Word*』, 그리고 『*Romance Philology*』 등과 같은 잡지들의 토대를 “전쟁 기간 언

*
Outline Guide for the Practical Study of Foreign Languages
**
Outline of Linguistic Analysis

어학자들의 생기띤 활동의 탓"[39]으로 돌리고 있다.

전쟁 이후, 국무성의 FSI(외무연수원)의 언어 훈련 프로그램은 ILP의 종결에 의해 생겨난 공백을 채워 나갔다. 1947년에 창립된 FSI는 "미국이 세계적 사태에서 담당하게 될 새로운 역할은 외교 관계의 수행에 참여하는 이들에게 최고로 높은 사회의 능력을 요구한다는"[40] 인식에 그 근원을 둔 것이었다. (언어학자에게 배운 토대 아래서) 그 언어와 지역의 전문화라는 일반적 목표는 외교관이 "외국인들에 대한 철저한 이해를 습득하고 국가 정책의 수행을 돕는 데 있어 그들과 대화하는 효과적인 방법을 발전시키는"[41] 것이었다. 여기서, "외국에서의 공적 여론의 형성", "저개발국가들의 경제적 발전", 그리고 "석유와 중동" 등과 같은 과목들이 개설된 한편, 미래의 외교관, 직업 관료, 혹은 외국 관리 등이 또한 미국의 가장 저명한 몇몇의 구조주의 언어학자들 아래서 언어 이론을 공부할 수 있었다. 우리는 이 분야에서의 FSI의 중요성을 과소평가해서는 안 된다. 언어학의 직업에 대해 개관을 하면서 교육 심리학자 캐롤은 그들의 언어 교육 프로그램을 지원하기 위해 FSI의 언어와언어학학교가 "미합중국에서 언어 연구의 가장 중심적인 센터들 가운데 하나가"[42] 되었음을 지적했다.

냉전은 언어 연구의 지원을 위한 새롭고도 노골적인 제국주의적인 동기를 더했다. 그레이브스는 더 많은 정부 기금의 청원을 하는 자리에서 우리의 국경 밖의 "다양다종한 국가들"의 연구가 우리의 국가 이익에 절대적으로 필요한 이유를 설명했다.

> 미국 산업의 생산물이 세계 도처에 퍼져 나가고 있다. 포장된 길이 있으면 미국의 자동차가 있다. 석유가 있는 곳마다 미국의 석유가 생산되며, 석유가 소비되는 곳마다 미국의 석유가 소비된다. 미국의 은행들은 모든 중요한 외국의 도시에 지점들과 거래처들을 두고 있다. 지구의 아주 먼 구석에서조차도 미국의 선교단, 미국 학교, 미국의 자선을 모르는 이가 거의 없다. … 세계 기차의 반이 미국의 레일 위에서 달린다. 어떤 지역도 미국 외교의 관심에서 볼 때 먼 곳이 아니다. 그리고 또한 모든 미국의 군인들이 도처에서, 그리고 앞 세대에게는 알려지지 않았던 이름들을 가진 사람들 사이에서 거래를 활발히 해야 한다.
> 따라서 우리는 많은 미국인들이 이런 다양다종한 문화들에 대한 과학적이고 자세한 이해력을 갖추어야 하며, 합중국이 아무리 거리가 멀더라도 외국 땅에 대한 연구에 있어서 세계를 주도해야 하며, 그리고 미국의 학문적 구조가 이런 세계의 전망을 반영해야 한다는 결론에 이를 수 있을 것이다. 불행히도 실제 상황은 이와는 정반대 모습이다. … 문화적으로 그리고 전략적으로 중요한 많은 민족들에 대한 연구를 미국 대학의 어디에서도 찾을 수 없다.[43]

그레이브스에 의하면 언어학은 이런 연구의 한 구성 요소 그 이상의 것이다. 즉, 그것은 냉전 시대에 있어서 주요한 무기인 것이다.

이데올로기적 제삼차 세계대전은 이미 시작되었으나, 아직까지 이길 확실성은 없다. 이 대전은 인간 정신들의 전쟁이라는 사실에도 불구하고 이런 종류의 전쟁을 기획하는 어떤 합동참모본부도 없고 이런 종류의 전쟁에 필요한 물자를 담당하는 어떤 군수軍需 당국도 없다. 이런 문제들은 대체로 우리 사회에서, 조지타운대학교 언어와언어학연구소(*Georgetown Institute of Languages and Linguistics*)에서 확인하는 유형의 사적인 주도로 남아 있을 뿐이다.

이러한 인간 정신의 전쟁에서 우리 무기 가운데 가장 중요한 총은 언어와 언어학에 대한 능력이다.[44]

1958년 국가방위교육법(NDEA)의 조항은 언어학 분야를 위한 활력소였다. IV장은 엄청난 수의 언어학 대학원생들에게 재정적 지원을 제공한 한편, VI장은 언어 교사들의 연구소, 언어와 지역 센터들, 언어 학습과 언어 연구를 위한 단체들을 지원했다. 실제적으로 IV장에 적시된 네 종류의 프로그램들은 모두 기본적인 언어 연구를 포함하고 있었는데, 그 중 가장 규모가 큰 것은 소련에서 사용되는 우랄 알타이 제어들의 연구를 위한 65만 불 상당의 연구보조금이었다. 언어학 연구를 위한 이런 수준의 지원은 의심의 여지없이 언어학자들의 발견물이 언어 교습, 특히 '결정적으로 중요한' 언어들의 언어 교습에 도움을 줄 것이라는 사실을 연방 정부에 확신을 줄 수 있는 한에서만 지속적으로 이루어졌다. 마크워트는 이 사실을 강조하면서 만약 구조주의 언어학자들이 "[언어 교육에의 적용 가능성에 있어서] 그들의 과학을 위해 — 종종 너무나 소란스럽고, 적당한 겸손이나 신중함이 없이 — 행했던 주장들을 실현하는 데 실패했다면, 그들은 한번에 모두 기회를 놓쳤을지도 모른다. NDEA가 언어학을 단호히 죽이려고 했다고 말하는 것은 결코 과장이 아니다. "put up 아니면 shut up"은 노골적인 구절일지 모르지만, 이 구절은 상황을 정확히 묘사한 것이다."[45]라고 논평했다. 미합중국 교육성의 언어발전국의 국장인 밀덴버거는 그의 사무실이 언어학을 지향한 어떤 공식적 정책을 가지고 있지 않은 반면에, NDEA에 의해 포괄된 모든 프로그램들의 의도와 정신에 대한 어떤 '태도'를 가지고 있었다고 설명했다. 그들의 '소명'은 "국가 이익의 요구를 충족시키기 위해"[46] 언어 훈련을 강화하고 확장하는 것이었다. 그런 다음 그는 "put up 아니면 shut up"이라 한 마크워트의 위협을 반복했다.

언어 연구에 대한 이 특별한 정부 차원의 지원은 미국에서 이 분야의 발전에 매우 중요한 역할을 했는데, 이는 단지 영국에서만 동등한 가치를 갖는다. 실제로 영국에서, 정부와 언어학 직업 간의 연결들은 이차세계대전 훨씬 이전부터 수립되었다. 1798년에 이미, 당시 인도의 총독이었던 웰즐리 후작은 제국의 언어들과 문화들을 연구하는 연구소를 제안했었다. 이 프로젝트는

1917년에 결실을 맺어, 런던에 동방연구센터(지금은 SOAS)를 설립하기에 이르렀다. 이 생각은 "거의 4억명의 동방인들을 포함하고 있는 대제국의 요구에 적합한" 연구소를 만드는 것이었다. 개막식에서, 센터 운영회의의 의장인 휴이트 경은 조지 5세 국왕에게 이런 연구소가 왜 필요한가를 역설했다.

> 첫째, 제국의 동양과 아프리카 지역을 통치하거나 수비하는 데 참여하게 될 우리의 젊은이들에게, 언어들을 학습하게 하고, 그들이 곧 접하게 될 사람들의 관습과 문학, 종교 등을 연구하게 하고, 토속적 특성, 사상, 그리고 제도에 익숙하게 하여 (토속민들에게 — 역자) 영향력을 미칠 수 있게 하기 위해
>
> 둘째, 통상通商 기업 혹은 다른 직업에 참여하기 위해, 또는 학습이나 연구의 목적을 위해 같은 나라들로 진출하려고 하는 이들에 대한 훈련을 제공하기 위해
>
> 셋째, 동방으로부터 온 다양한 국적의 학자들에게 초점을 맞춘 만남의 장을 제국의 수도에 갖추기 위해, 그리고 동방의 학자들이 이 나라를 방문한 데 대해 동정적 환영을 확실히 받게 하고, 만약 그들이 원한다면, 마음에 맞는 연구 사업에 참여할 기회를 손쉽게 갖도록 해 주기 위해[47]

SOAS는 대영제국에서 언어 연구의 주요 센터가 되었다. 그것의 목표가 영국이 '영향'을 미치는 사람들의 언어들뿐만 아니라 문화에 대한 연구를 포함하기 때문에 인문주의적이고 사회학적인 지향성을 가진 상당수의 언어 연구가 SOAS에서 이루어지고

있다. 그러나 구조주의 언어학 또한 기금의 상당량을 지원받았으며, 미국에서처럼 세계2차대전 동안 그 특성을 발휘했다. 영국 정부 요원들이 접촉하게 될 사람들의 언어들에 대한 더욱 더 많은 전문가를 영국 정부가 요구함에 따라 SOAS의 역할은 점차 확장되어갔고, 순수한 문법 연구에 대한 관심 또한 균형 잡혀 나가게 되었다. 전쟁 기간 동안 SOAS에서 구조 분석의 테크닉을 숙달한 이들 가운데 상당수가 노스 웨일즈, 글래스고,* 리즈,** 맨체스터,*** 그리고 도처에서 언어학과 음성학의 첫 번째 교수단을 형성하게 되었다.[48]

정부 다음으로, 미국에서, 그리고 다소 정도는 떨어지지만 영국에서, 구조주의를 지원하는 가장 중요한 힘은 교회였다. 기독교 선교회들은 16세기에 이미 유럽의 식민 제국 내의 피정복민의 언어에 대한 단어 목록과 문법 기술을 준비하는 활동을 해 왔다. 그러나 지난 40년 동안, 그들의 영향력은 놀랄지 모르겠지만 언어 연구의 주요한 역할을 담당하는 정도에까지 증대되어 왔다. 그들의 참여는 기독교 복음 전파의 목표, 곧 이 세상의 모든 사람들을 기독교의 믿음으로 전환하기 위한 목표를 달성하기 위한 것이었다. 물론 그러한 믿음의 초석은 성경에 게시된 말씀 때문이었다. 그러나 성경은 세계 언어의 반 정도도 번역되지 않았다. 실제 대부분의 언어들은 아직도 글자로 씌어지지 않은 언어

* Glasgow. 영국 스코틀랜드 남서부 스트래스클라이드 주에 있는 구와 시. —역자

** Leeds. 영국 잉글랜드 웨스트요크셔 주의 행정구와 도시. —역자

*** Manchester. 영국 잉글랜드 북서부 그레이터맨체스터 특별도시주에 있는 행정구와 도시. —역자

들이다. 한 언어의 훌륭한 분석은 그 언어의 문어 체계의 확립과 연이어 그 언어에로의 번역을 쉽게 하기 때문에, 기독교화의 과정에 있어 중요한 예비적 단계가 되어 왔던 것이다.

몇몇의 조직들이 성경 번역의 예비적 단계로서 언어 연구를 실천했지만, 어떤 것도 규모와 영향력, 가시성에 있어서 SIL(하계 언어학연구소)*에 비견되지 못한다. 1978년 통계로, SIL은 29개 나라에서 675개 언어로 활동하고 있는 3,700명의 구성원을 가지고 있으며, 이 숫자는 점차 증대하고 있다. 1930년대 후반 SIL이 시작된 이래 이 연구소는 언어적 문제에 대한 수천 종의 책과 학술 논문, 그리고 기술적技術的 보고서를 출판해 왔다. 미국 구조 언어학의 몇몇 거장들이 SIL에 가입했으며, 실제로 미국언어학회의 집행위원회 가운데 적어도 한 명의 SIL 멤버를 포함하지 않은 해는 거의 드물다. 더구나 오늘날 SIL은 어떤 다른 프로테스탄트 선교단보다도 더 많은 요원들을 해외로 파견하고 있다.

이 조직의 가장 저명한 요원들 중의 하나인 E. 파이크는 말한다. "SIL을 구성하는 인물들은 하나로 통합되는 믿음, 곧 모든 사람들은 그 자신의 언어로 된 신약 성서를 가질 수 있어야만 한다는 믿음을 공유하고 있다. 이런 믿음에 덧붙여 각 구성원들은 자신이 그런 목표를 완결시키는 데 부분적으로 책임이 있다고 느끼고 있다."[49] 그 결과는 세계의 많은 지역에서 언어학 분야가

* 잘 알려지지 않은 언어를 연구하고 발전시키며 기록하여 언어학 발전과 문맹 퇴치, 소수 언어 발전 및 성경 번역을 통한 선교를 돕는 것을 주된 목적으로 하는 비영리 단체. 국제 SIL가 출판하는 에스놀로그*Ethnologue*는 전세계의 알려진 언어에 대한 각종 통계치를 집대성한 것으로 언어학 연구에 소중한 자료이다. 단행본 형태와 홈페이지(Ethnologue.com)를 통해 출판된다. —역자

말 그대로 SIL과 동일시될 정도이다. 한 비평가가 언급했듯이, "[SIL 구성원의] 많은 이들은 모든 다른 언어학자의 결합된 힘에 의해 점유된 지역보다 더 많은 지역을 포괄하고 있다."[50]

SIL의 사업은 격렬한 정치적 논쟁을 동반해 왔다. SIL이 자신의 작업을 수행하기 위해서는 목표로 하는 언어가 위치한 정부의 재가를 받아야만 한다. 제 3세계 정부가 가톨릭이든, 보수적이든, 반교권적이든, 급진적이든 간에 그들의 한 가운데서 명백히 복음을 전파하며 활동하고 있는 북미의 프로테스탄트 선교단에 대해 불안을 품는 것은 자연스럽기 때문에, SIL은 순수하게 과학적이고 문화적인 조직으로서 해외에 그 모습을 드러내고 있다. (그러나 이 조직의 선교적 목표는 고국으로부터 기금을 받기 위해 사용하는 이름, 곧 위클리프 성경번역 선교회라는 이름에서 드러난다.) 그렇지만 SIL이 활동하고 있는 국가의 정부에 결코 대립하는 정책을 갖지 않는다 하더라도 몇몇 경우에는 정권의 교체 이후에 추방되기도 한다.

SIL의 정치적 지향성은 철저하게 보수적이다. (공산주의와 사탄을 동일시하는 것은 이 조직의 저술물에서 나타나는 일관된 주제이다.) 그리고 수많은 경우에, 특히 어떤 국가 정부의 즉각적인 관심이 미국의 외교 정책 구상과 일치할 때, 그 국가 정부의 이익을 위하여 활동한다는 비판을 많이 받는다. 실제로 SIL이 그 자산을 미국에 기반을 둔 다국적 기업들과 CIA의 처분에 맡긴다는 비난들을 받아왔다. 덧붙여 많은 이들은 SIL의 실천적 활동이 기독교화하려는 데 있는 만큼이나 '미국화'하려는 데 있으며, 그리하여 이 조직이 활동하는 지역의 고유 문화의 파괴를 재촉하고 있다고 느낀다.

SIL 그 자신으로서는 정치적 참여의 비난을 부인한다. 나아가 고유 문화에 대해 미치는 영향력이 오히려 긍정적이라고 주장한다. SIL은 제 3세계에서 펼친 문맹퇴치 캠페인에서 자신들이 맡은 역할에 대해 긍지를 가지고 있다. 그리고 외래 사회에 대처하는 데 필요한 기술들을 토착민들에게 제공함으로써 그들이 서구 문명과 당면했을 때 받는 고통의 충격을 완화시켜 주고 있다고 주장한다.

이 조직을 둘러싼 논쟁이 근년에 이르기까지 계속되고 있는 반면에, 1938년 이래 이만명의 신참들이 거쳐간 SIL의 '군대'가 미국의 구조 언어학으로 하여금, 도처의 구조주의가 결코 성취할 것이라고 희망할 수 없는 국제적 주둔을 가능하게 하였다는 것은 의심의 여지없이 사실이다.[51]

요컨대, 평등주의, 과학의 위세, 정부와 교회의 후원 등과 같은 몇몇 주요한 요인들이 합쳐져 구조적 언어학이 1950년대 중반까지 미국에서 탁월한 위치를 갖도록 해 주었는데, 이러한 위치는 유럽 대륙에서는 성취하지 못한 일이었다. 이상과 같은 미국 내의 상황 맥락 속에서 언어 구조에 대한 새로운 이론이 출현하기에 이르렀다. 이 이론은 전적으로 자율적인 언어학 전통 내에서 출현한 이론인 한편으로, 동시에 초기 구조주의적 접근법의 근본적인 가정들을 깨뜨려 버리기는 이론이기도 하다. 이 이론이 바로 이제 우리가 살펴보게 될 촘스키의 "변형생성문법"이다.

4. 촘스키 학파의 혁명

언어학과 정치

The Politics of Linguistics

"1957년 촘스키에 의한 『통사적 제구조』®의 출판이 미친 비상하고 크나큰 정신적 충격은 이 대변동을 경험하지 않은 이들로서는 거의 이해하기 어려울 정도이다." 심리학자 맥레이는 1930년대 이래의 미국 언어학을 개관하는 자리에서 이렇게 쓰고 있다. 영국의 가장 저명한 언어학자인 존 라이온스는 촘스키의 첫 저서가 "다소 간단하고 비교적 비전문적이기는 했지만, 언어의 과학적 연구에 혁명을 일으켰다"라 하고 있다. 그리고 언어학사 연구자인 로빈스는 "언어의 기술과 분석은 촘스키의 『통사적 제구조』의 출판에 의해 활기찬 소동 속으로 빠지게 되었다."며 공감을 표시하고 있다.[1]

『통사적 제구조』에 도대체 무엇이 들어 있기에, 보통은 차분한 학문 세계에 '소동'과 '정신적 충격'을 촉발시켰단 말인가? 아주 단순히 말해, 촘스키는 고대 그리스로부터 그 자신의 구조주의 스승에 이르기까지 앞선 시기의 모든 언어에 대한 접근법을 전복시켰으며, 경험주의적이든 비경험주의적이든 간에 언어 연구에 있어서의 지배적인 가정들에 도전을 했다.

촘스키가 미국 구조주의자들의 개념을 파괴한 것은 언어학이 "과학"이어야만 하는지 ― 그는 결코 그것이 그래야 하는지에 대해 질문을 던지지 않았다 ― 의 문제가 아니라 무엇이 과학적 이론인가, 그리고 어떻게 언어 현상에 관련되어 구성될 수 있는가 라는 더욱 근본적인 문제에 대한 것이었다. 촘스키의 가장 이른 시기의 저서들과 논문들은 미국의 구조주의 언어학자들에 의해 주도된 학문의 경험주의적인 개념에 반대하는 논증으로 채워져 있는데, 이 경험주의적 개념은 생생한 언어 자료로부터 문법을 추출하기 위해 설계된 일련의 절차들을 구조주의 언어학자들로 하여금 고안해 내게 하는 것이었다. 촘스키는 과학자들이 자료에다가 기계적 작용을 수행함에 의해서는 어떤 과학적 이론도 결코 나올 수 없음을 주장했다. 과학자가 특정의 이론적 개념에 어떻게 도달하게 되는가 하는 것은 전혀 부적절한 문제이다. 전적으로 가치가 있는 것은 그것의 영역 내에 있는 현상들을 설명하는 데 있어 그 개념이 갖는 타당성인 것이다.

이론 형성에 대한 경험주의적 제약들에 대한 촘스키의 반대는 그로 하여금 언어 이론이 '무엇에 대한' 이론인가 라는 참신한 개념을 제안하도록 이끌었다. 초기의 구조주의자들에게는 언어 이론이 자료의 코퍼스로부터 추출될 수 있는 요소들의 엄밀한 분류학 이상의 것이 아니었던 반면, 촘스키는 언어 이론의 목표를 "가능한 인간 언어"의 엄밀하고 형식적인 성격 규정을 제공하는 것으로, 곧 그 언어에서 실현될 수 있는 문법적 과정들의 부류와 그럴 수 없는 부류들을 가능한 한 정밀하게 구분하는 것으로 재정의했다. 이러한 성격 규정은 —후에 촘스키가 이를 "보편문법"이라고 부르게 된다— 모든 언어가 그것 내에서 기능하는 한계를 명시하는 것이다. 촘스키의 관점에서, 자연과학자들은 그들 자신과 평행적인 과업을 설정하고 있다. 곧 물리학자의 목표는 가능한 물리학적 과정의 부류의 성격을 규정하는 것이며, 생물학자의 목표는 가능한 생물학적 과정의 부류의 성격을 규정하는 것이다.

대부분의 구조주의자들이 통사론을 무시하는 경향이 있어온 반면에, 촘스키적 언어관에서는 통사 관계가 중심적이다. 실제로, 한 언어의 문법은 가능한 문장을 '생성하는'(곧 명시적으로 명세하는) 규칙들과 그 규칙들에 결합된 구조적 속성들의 형식적

집합에 의해 표현된다. 그리하여 '생성문법'이란 용어는 그 이론을 총괄적으로 부르는 데 사용되며, 그 이론의 주창자들은 '생성주의자'로 불린다. 대부분의 이론 형성에 있어서 언어에서의 통사적 과정들은 규칙들의 두 유형, 곧 구절구조규칙과 변형규칙들에 의해 기술될 수 있다. 전자의 유형은 한 문장을 그것의 구성성분 구절로 쪼개는 것으로서, 영어의 구절구조규칙의 한 예는 S →NP AUX VP이고, 이는 "한 문장은 명사구(*Noun Phrase, NP*)와 그 뒤를 따르는 보조동사(*Auxiliary, AUX*), 그리고 보조동사를 따르는 동사구(*Verb Phrase, VP*)로 구성된다." 라고 읽힌다. 이 규칙의 효과는 *the train might be late* 라는 문장에 의해 예시될 수 있다. 여기서 *the train* 은 명사구이며, *might* 는 보조동사, *be late* 는 동사구이다. 변형규칙들은 문장 유형들을 연결시킨다. 예를 들면, 수동의 변형규칙은 *John threw the ball* 과 *the ball was thrown by John* 과 같은 문장 유형 사이의 구조적 평행성을, 그리고 Wh-이동의 규칙은 *John saw who?* 와 *who did John see?* 와 같은 문장 유형 사이의 구조적 평행성을 명료하게 해 준다. 변형규칙은 이 이론이 종종 "변형생성문법" 또는 단순히 "변형문법"이라고 지시되도록 할 만큼 매우 중요한 역할을 하는 데 담당해 왔다.

한 문장의 문법적 분석(곧 도출)은 우선, 구절구조규칙의 적용을 포함한다. 이 규칙들은 그 문장의 '심층 구조'—그것의 요소들 사이의 기본적인 통사 관계가 가장 단순한 형식으로 표현되는 층위—를 산출한다. 그 다음에 변형규칙들은 그 심층 구조를 그 문장의 '표층 구조'—그것이 실제로 발음되는 문장—로 변환시킨다. 여러 해 동안, 생성주의자들은 한 문장의 심층 구조는 그것의 의미와 가장 직접적으로 상관된 통사 층위라는 것을 전제했다.[2] 그러나 근자에 촘스키와 대부분의 다른 이들은 표층 구조 또한 의미 해석에 있어서 중요한 기능을 담당하는 것이라고 믿게 되었다.

1950년대 후반에, 촘스키는 모리스 할레와 공동 작업을 벌여, 생성 음운론의 이론 또한 발전시키기 시작했다.[3] 음운 규칙들은 앞장에서 기술된 비유기적인 'p'와 유기적인 'p' 간의 교체와 같은 단순한 현상으로부터, *electric-electricity* 와 *opaque-opacity* 와 같은 짝에서의 'k' 음과 's' 음 간의 교체와 같은 훨씬 더 복잡한 현상에 이르기까지 언어의 소리 유형을 설명한다.

다음의 도표는 문법 모델의 조직에 대한 촘스키의 개념을 도식적으로 보여준다.

언어들은 그것의 문법들이 구성되는 방식에 있어서 다르지 않다는 것, 곧 모든 언어의 문법들은 위 도표에 따라 구축된다는 것이 바로 보편 문법의 한 원리이다. 보편 문법의 본질에 대한 제안들은 상당히 자세히 규정되어 왔다. 생성주의자들은 이제

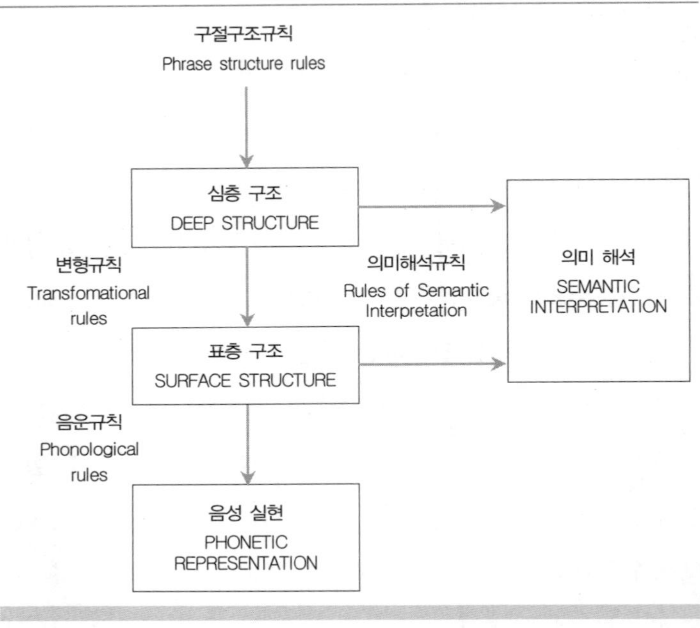

보편 문법이 문법의 전반적 모습뿐만 아니라 심지어 규칙들이 취할 수 있는 형식까지 명시한다고 믿고 있다. 예를 들어, 대등 접속 구성(곧, 두 단어 또는 두 구절이 접속사에 의해 연결되는 구성— *John and Mary, the big dog and the little cat*, 그리고 *the table or the chair* 등이 그러한 구성의 예들이다)의 내부 하위 부분을 문제 삼는 것이 일상 발화에서 자연스러운 언어는 없는 것으로 관찰되어 왔다. 환언하자면, *John ate beans and rice* 가 적절한 응답이 될 수 있는 질문으로 이해되는 *What did John eat beans and?* 와 같은 문장은 어린이의 언어 유희와 같은 비정상적 상황을 제외하고는 불가능하다는 것이다. 이러한 현상은 보편 문법에 '대등접속 구조제약'[4]이라 불리는 제약을 덧붙이도록 이끌었는데, 이 제약은 어떤 언어의 문법도 변형규칙의 작용이 대등접속 구성 내에 있는 한 단어를 문제삼는 것을 금지하는 제약이다.

문법에 대한 촘스키적 접근법은 그 앞선 시기에 문제시하지 않았던 수많은 문제들을 해결하는 데 도움을 주었다. 간단히 언급할 만한 가치가 있는 것으로 두 가지 사항—하나는 통사론으로부터, 다른 하나는 음운론으로부터—을 제시하겠다. 영어의 보조동사에서 실현될 수 있는 요소들의 순서를 어떻게 성격 규정할 것인가는 항상 문제거리가 되어 왔었다. 예를 들어, *John has been working* 의 문장에서 완료상은 동사 요소 *has* 와 접미사 *-en* 의 조합에 의해 표현되는데, 여기서 *-en* 은 *be-* 뒤에 부착되어 있다. 반면에, 진행상은 *be-* 와 *-ing* 접미사의 조합에 의해 표현되는데, 여기서 *-ing* 는 동사 *work* 에 부착되어 있다. 나아가, *has* 와 그것에 동반되는 *-en*, 그리고 *be* 와 그것에 동반되는 *-ing* 는 '반드시' 공기共起해야만 한다. 즉, *John has be working* 또는 *John has been work* 로 말할 수 없다. 환언하자면, 완료 형태소와 진행 형태소는 모두 불연속적이며 중첩적이다.

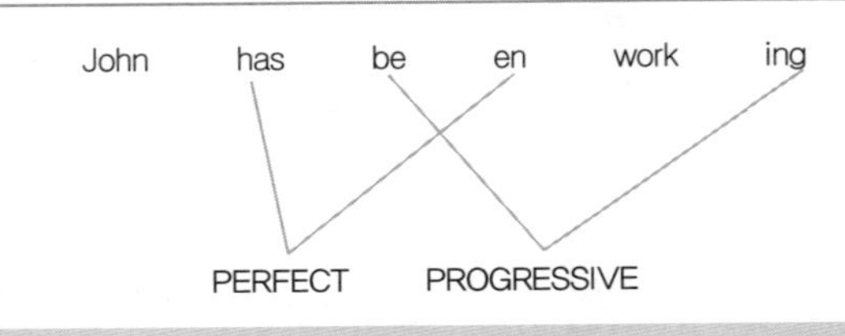

구조주의자의 문법은 이런 종류의 복잡성을 다룰 수 없었다. 그들의 문법은 단순히 요소들의 분류학적 목록이었기 때문에, 그들은 *has* 를 불연속적인 *-en* 에, 또는 *be* 를 불연속적인 *-ing* 에 결합시킬 방법이 없었다. 그러나 촘스키는 만약 문법이 추상적 생성 규칙들로 구성된다면, 영어 보조동사 요소들의 전반적 분포가 포착될 수 있다는 것을 보여 주었다. 그의 분석에 의하면, 하나의 단순한 구절구조규칙이 두 부분의 완료 형태소와 진행 형태소를 단위로서 생성하며, 단순한 변형규칙이 그 형태소들을 실제 발화에서 실현되는 불연속적인 자리로 위치시킨다.

음운론에서 오랫동안 지속되었던 한 문제는 영어의 단어 강세이었다. 가장 강한 강세가 때때로 마지막 음절에 놓이기도 하며 (*impéde*), 때로는 뒤에서 두 번째 음절에(*reprísal*), 때로는 뒤에서 세 번째 음절에(*ingrátitude*), 그리고 때로는 첫 음절에 놓이기도 한다(*álimony*). 심지어 우리는 동일한 어원의 단어들이 다른 음절에 강세가 놓이는 것을 발견한다(*télegraph, telegráphic, telégraphy*).

이처럼 혼돈스러워 보이는 상태는 구조주의자들로 하여금 불어, 독어, 또는 스페인 어와 달리, 영어의 단어 강세는 예측 불가능하다고 결론짓게 하였다. 그러나 촘스키는 (모리스 할레와 프레드 루코프와의 공동 연구에서) 추상적인 음운 규칙이 상호 작용하는 것을 가정한다면 영어의 단어 강세가 대부분 예측 가능한 것으로 판명된다는 것을 증명했다.

이제 촘스키가 언어의 문법이 자율적 구조 체계로 특징지워질 수 있다는 생각에 도전하지 않았다는 사실을 명백히 할 필요가 있다. 오히려 그런 도전과는 거리가 멀었다. (*John threw the ball*과 *the ball was thrown by John* 사이와 같은) 문장들 사이에서 유지되는 관계들의 구조적 처리 — 대부분의 사람들은 이러한 처리가 불가능하다고 믿었다 — 를 설정함으로써, 그의 접근법은 자율 언어학의 영역을 확장시켰다. 그러므로 촘스키의 작업은 확실히 언어학의 '구조주의적' 전통 내에 있다. 혼란스럽게도, 1960년대 초반에 촘스키와 그의 동료들은 더욱 이른 시기의 자율적 접근법들에 대해 '구조주의자'라는 딱지를 붙이기 시작했으며, 그들 자신에게는 '생성주의자'라는 용어를 사용했다. 그 결과, 이제 언어학 내에서 우리가 '구조주의자'라고 말할 때, 그것은 反촘스키주의자를 지칭하는 것으로 이해되게 되었다. 그러나 언어학 밖에서의 비평가들은 언제나 촘스키에게 구조주의자라는 딱지를 붙여

왔고, 우리는 촘스키의 생각이 20세기의 구조주의를 개관하는 자리에서 대부분 논의되고 있음을 발견한다.[5] 이 용어적 혼란은 불행하지만 지금까지도 수정되지 않고 있다.

구조주의자로서(넓은 의미에서) 촘스키는 언제나 '랑그'와 '파롤' 간의 구별의 타당성을 주장해 왔고, 그것들은 1965년에 이르러서 각기 '언어능력'과 '언어수행'이라 불리게 되었다. 촘스키는 소쉬르의 용어를 유지하기보다는 새로운 용어를 만들기를 선택했는데, 그것은 그가 언어능력과 '랑그' 간의 두 가지 중요한 차이점을 강조하기를 원했기 때문이었다. 그 두 가지 중 하나는 언어능력은 언어의 모든 통사 관계를 포괄하는 것이지만, '랑그'는 그렇지 못하다는 것이고, 다른 하나는 언어능력은 요소들의 목록에 의해서라기보다는 생성 규칙의 집합에 의해 특징지워진다는 것이다.

촘스키의 언어능력의 영역은 자율 문법 그 자체이며 그 이상 아무것도 아니다. 촘스키의 관점으로는 사회과학적 그리고 인문 과학적 언어학자들에 의해 연구되는 언어 현상은 언어수행의 영역에 기본적으로 들어 있는 것이다. 촘스키는 언어의 사회적이고 미학적인 양상들에 대한 언급은 거의 하지 않았지만, 그러한 양상들이 자율적 문법의 원리들과 [언어] 외적 요인들 사이의 복잡한 상호작용을 포함하는 것이라고 한결같이 주장했다. 따라서,

언어에 대한 촘스키의 전반적 접근은 '환원주의자'라기보다는 '상호영향론자'로 이해되어야 한다.

이 시점에서 우리들은 촘스키가 그렇게 빨리, 심지어 그의 정치적 견해를 통해 많은 청중을 끌어 모으기 이전부터 언어학 밖에서 알려지게 된 이유가 무엇인지에 대해 궁금하게 생각할 것이다. 사실, 문법 이론의 정확한 형식은 비전문가에게 거의 관심거리가 되지 않는 주제인데도 말이다. 그 이유는 처음부터 촘스키와 그의 공동작업자들이 그 이론의 심리학적이고 철학적인 함축에 관심을 기울였기 때문이었다. 처음에 촘스키는 스키너의 『말하기 행위』*에 대한 1959년의 리뷰[6]에서 생성문법을 인지적 모델로 기술했다. 촘스키는 언어가 매우 복잡함을 지적하고 그럼에도 불구하고 그것이 습득되는 속도가 놀랄 만큼 빠르다는 것을 지적하고는 스키너와 그 밖의 행동주의자들이 주장했던 것처럼 어린아이들이 "빈 서판書板"**으로 태어나는 것이 불가능하다고 결론지었다. 오히려 어린아이들은 고도의 특별한 방법으로 언어 지식의 획득을 구조화시키는 유전 인자를 가져야 한다고 주장했다. 간단히 말해, 언어학자에 의해 구축되는 문법이란 문자 그대로 화자의 "머리 속에" 있다는 것이다.

촘스키의 리뷰는 인지 심리학 분야의 기본적 문헌의 하나로 간주되고 있다. 심지어 25년이 지난 이후에도 그것은 행동주의에 대한 가장 중요한 반박으로 여겨지고 있다. 그의 모든 논저들 중에서, 전문적인 언어학자들의 조그만 모임을 넘어서서 그의 명성을 널리 퍼지게 하는 데 가장 기여한 것은 바로 스키너에 대한 리뷰였던 것이다.

촘스키는 또한 그의 가장 이른 시기의 작업에서 생성문법과 연관된 철학적 함축을 탐구했다. 우리가 이미 지적했듯이, 『통사적 제구조』는 미국 구조 언어학의 경험론적 토대에 도전하는 것이었다. 1965년 『통사 이론의 제양상』의 출판에 의해 촘스키는 생성문법이 습득된 지식의 형식을 결정하는 생성문법적 원리를 설정하고 있다는 점에서 이성주의 이론의 하나라는 점을 명시적으로 특징짓기에 이르렀다. 그 이론의 개념적 장치의 일부분으로서, 촘스키는 학술적 논의의 유행에서 벗어나 있던 두 가지 용어를 재도입했다. '생득 관념'과 '마음'이 그것들이다. 촘스키에게 있어서, '생득 관념'이란 단순히, 선천적인 문법의 속성들로서 이 속성들은 언어의 습득을 제한하는 것이다. 그래서 예를 들면, 생성주의자들은 앞서 논의했던 대등접속 구조제약이 우리가 합리적으로 '학습'이라고 부를지 모르는 어떤 것을 통해 습득된 것이라기보다는 어린아이에게 소위 '미리 설치된' 것이라고 믿는다. 그리하여, 대등접속 구조 제약은 다른 문법의 보편소와 마찬가지로, 하나의 '생득 관념'인 것이다.

생성주의자들은 전형적으로 어린이 언어학습자에게 유효한 '자극의 빈곤'을 지적하면서 생득성 주장을 논증한다. 어린이가 원리의 추상성, 어린아이에게 주어진 관련된 정보의 제한된 양, 그리고 학습의 속도를 고려할 때, 그러한 원리를 어떻게 귀납적으로 배울 수 있겠는가? 이처럼 대등접속 구조제약의 생득성과 보편성은 어린이가 그들 자신에게 이처럼 고도의 복잡하고 추상적인 문법의 속성을 이해하도록 허용하는 발화 자료에 대해 충분할 만큼 노출되지 않는다는 사실에 의해 논증된다.

역설적인 것처럼 보이는 결론이 이 논증에서 도출된다. 즉 단지 한 언어의 학습으로부터 보편 문법에 대한 매우 많은 것들이 배워질 수 있다는 것이다. 만약 우리가 어린아이들이, 말하자면 영어의 발화 공동체에서 태어난 어린아이들이 다른 나라에서 태어난 아이들과 다르지 않게 태어난다고 합리적으로 가정한다면, 그들이 획득하는 문법의 자세한 분석은 일반적인 언어 습득을 이끄는 원리들에 대한 상당한 양을 밝혀내게 될 것이라는 귀결로 이어질 것이다. 예를 들어, 만약 대등접속 구조제약이 영어 습득 어린이에게 생득적이라면, 그 제약은 모든 언어의 문법을 제약해야 하는 것으로 귀결된다.

촘스키에게 있어서, '마음'은 실제적 행위의 기저를 이루는 생득적 원리와 습득된 원리들 모두를 가리킨다. 예를 들자면, 근자의 연구에서 보여주었듯이, 시각 체계의 많은 중요한 양상들은 또한 "미리 설치된" 것이며, 움직여지는 환경으로부터 촉발되는 경험만을 요구할 뿐이다. 그렇다면, 촘스키의 용어로 시각 이론은 이성주의적 이론이며, 그리고 시각적 지각(생득 관념)의 기저를 이루는 구조들은 마음의 일부를 형성한다.

마음이 언어보다 더 많은 인지 능력을 포괄할 수 있기는 하지만, 촘스키는 언어 연구가 마음의 본질을 드러내는 모든 것 중 가장 적합하다고 믿는다. 한편으로, 언어는 '유일하게' 인간만이 가진 인지 능력이다. 조금 낮은 동물의 의사소통 행위의 연구에서조차 언어에 대한 어떤 조명도 하지 않는다. 곧 동물의 의사소통의 기저를 이루는 정신적 구조들은 인간 언어의 기저를 이루는 그것과 어떤 진화적 관계도 갖지 않는 듯이 보인다. 또한, 언어는 이성적 사고 — 인간만이 가진 또 다른 능력 — 의 수레이다. 그리고 마지막으로, 우리는 언어에 대해 더욱 훨씬 많은 것을 알며, 언어가 기능하는 방식을 다른 인지 양상에 대해 알고 있는 것보다 훨씬 더 많이 알고 있다. 겨우 한 세기 동안의 연구가 시각, 기억, 개념 형성 등의 본성을 명료하게 해온 것 이상으로, 2천년 이상된 문법 연구는 언어 구조의 더욱 자세한 모습을 우리에게 제공해주고 있다.

촘스키는 언어 능력을 '인간 본성'의 한 양상이라고 기꺼이 제시한다. 그에게 있어서 '인간 본성'이라는 용어는 실제의 내용을 갖는다. 언어 능력이든, 아니면 다른 인지의 양상들이든 간에 그 것들은 본유적으로 부여되는 능력들의 집합에 의해 특징지어지 며, 이런 양상들은 환경적 영향에 면제된다. 촘스키는 전적으로 긍정적인 정치적 조명으로 그러한 개념을 이해한다. 우리의 유 전적 자질—우리 인간의 본성—은 우리들로 하여금 감화되기 쉬 운 존재, 즉 외부의 힘의 변덕에 완전히 복종될 수 있는 무한하 게 유순한 존재가 되는 것을 막는다.

좌익의 입장에서는 생득 관념 또는 확대하여 본유적인 인간 본성에 대한 주장은 변함 없이 논쟁거리로 간주되며, 종종 그럴 만한 충분한 이유도 있다. 불공평한 인종 차별 관습 또는 성차별 에 있어서 흑인 또는 여성들이 그들의 유전적 구성에 의해 종속 적인 역할을 담당하도록 '생득적으로' 미리 계획되어 있다는 생 각보다 우리가 찾을 수 있는 더 나은 합리화는 무엇이겠는가? 촘 스키의 생각에 대한 급진주의의 비판이, 촘스키의 개념들에는 생 득적 원리들과 인간 본성의 실재라는 개념이 포함되어 있기 때문 에 본질적으로 비진보적이거나 혹은 그 이상 나쁜 것이라는 진술 로 시작되는—그리고 끝나는—것은 조금도 이상할 것이 없다.

실상, 그의 용어 '생득 관념' 또는 '마음'에 의해 야기된 격렬 한 비판적 응답을 보면서, 우리는 그가 봉건 영주와 가톨릭 주교의 망령, 그리고 반동의 병기고兵器庫를 소환해 냈다고 생각할지 모른다. 그러나 그러한 결론은 기본적인 요점을 포착하지 못한 것이다. 촘스키에게 있어서 생득적인 언어 능력은 단지 한 인종, 성, 계급, 국가 집단, 또는 그 밖의 속성이 아니라, 모든 인간의 속성이다. 보편 문법은 두 팔, 두 다리, 그리고 하나의 심장을 소유하고 있는 것과 똑같은 인간 속성의 하나이다. 촘스키에게 있어서 보편 문법은 모든 인류를 묶는 것이며, 그들을 분리시키는 것이 아니다. 더구나 촘스키는 이성주의가 인종차별주의에 이바지하는지 않는 것과 마찬가지로 경험주의 — 생득적인 인간 본성이 존재하지 않는다는 주장 — 또한 인종차별주의에 본질적으로 정반대되는 것이라고 지적한다. 경험주의자들은 원리상 우연한 인간 본성들과 필수적인 인간 본성들을 구별하지 않기 때문에 — 사실 그들은 후자의 개념을 거부한다 — 그들이 펼치는 견해의 논리는 단순히 개인들이 열악한 환경에 놓여 온 탓에 열등한 존재가 된 것으로 본다. 다른 한편, 일관된 이성주의자들은 주어진 상황의 환경적인 것과 필수적인 것이 모두 기여하는 것으로 본다.[7]

생득적인 인간 본성의 옹호가 반동적인 정치적 입장을 함의하고 있다고 보는 것은 진보적 운동에 일관된 활동을 시종 보이고 있는 촘스키의 경우에는 특별히 통렬한 비판이다. 촘스키는 베트남 전쟁에 대한, 아마 가장 잘 알려진 학문적 비평가일 것이다. "약하고 비참한 인간들에 의한 역겹고 사악한 행동(이에는 저항 운동, 곧 국가적 징병에 대한 저항 운동을 하는 지도부도 포함된다)"[8] 에 대한 그의 반대는 그가 학문적으로 이전에 기여했던 것 이상으로 더욱 큰 대중적인 관심을 갖도록 했다. 출발부터 그는 전쟁 그 자체뿐만 아니라 미국의 자유주의적 기술관료주의를 공격했다. 촘스키는 이 자유주의적 기술관료주의가 전쟁을 밑받침하는 외교 정책의 가정들을 숨기기 위해 진보적으로 들리는 수사법을 동원해 왔다고 비판한다. 공공의 위선을 폭로해야 하는 책임감이 지성인에게 있다는 촘스키의 반복된 주장은 그를 스페인 내란으로부터 중동, 동티모르, 그리고 인권의 일반적 이슈에 이르기까지의 광범위한 주제들을 포괄해서 다루도록 이끌었다.[9]

촘스키는 그 자신은 정치적으로 무정부 노동주의자라고 정의한다. 곧 마르크스의 자본주의 분석에는 공감하지만, 국가 권력의 문제에 있어서는 그와 일치하지 않는다는 것이다.[10] 무정부 노동주의자로서 그는 공산주의 사회의 선결 단계로서 '프롤레타리아 독재'의 중간 단계를 설정하는 것을 거부한다. 특히, 그는 레닌주의적인 전위적前衛的 당의 개념을 전적으로 반박하면서, 그것이 노동자의 이름으로 지배하려는, 그러나 실제로는 그들을 억압하는 새로운 지배 계급을 불가피하게 만들어낸다고 주장한다. 대신에, 그는 궁극적으로 자본주의적 국가를 대치할 대안적 제도의 핵심을 세우기 위해 '자발적인 혁명적 행동'의 필요성을 믿고 있다.

자발적인 행동에 관한 이러한 정치적 관심이 심층 구조, 문법 규칙들, 통사론의 습득을 지배하는 생득적인 제약들, 그리고 생성문법의 모든 다른 장치들과 무슨 관계가 있는가를 묻는 것은 당연하다. 촘스키의 언어학적 견해와 정치적 견해 사이에 도대체 어떤 관계가 있는가? 확실히 말하자면, 촘스키 그 자신은 그 관계를 단지 빈약한 상관관계로 본다.

> 만약 상관관계가 있다면, 그것은 오히려 추상적인 층위에서일 것이다. 나는 어떤 비정상적인 방법으로 분석하지 않는다. 그리고 내가 언어에 관해 가지고 있는 특별한 지식은 사회적이고 정치적인 이슈와 직접적인 관계를 맺지 않는다. 내가 이 주제들에 대해 써 온 모든 것은 다른 이에 의해서도 씌어질 수 있다. 나의 정치적 활동, 저술, 그리고 다른 어떤 것들과, 언어 구조에 기초하여 이루어진 작업 사이에는 비록 그것들이 어느 정도로는 인간 본성의 기본적 양상들에 관계되는 공통된 가정들과 태도들에서 도출된다 하더라도, 직접적인 상관관계는 없다. 이데올로기적 분야에서의 비판적 분석은 나에게는 개념적 추상성을 요구하는 접근법과 비교될 수 있는 매우 직선적인 문제인 것처럼 보인다. 나를 상당 부분 사로잡은 이데올로기의 분석에 있어서는 약간의 개방된 마음, 정상적인 지성, 그리고 건강한 회의를 가지는 것만으로도 충분할 것이다.[11]

위 인용에서 "인간 본성의 기본적 양상에 관계되는 공통된 가정과 태도들"은 무엇인가? 이에 대한 답은 우리의 삶과 사고의 모든 양상들에 대한 창조적인 자기표현과 자유 통제가 기본적으로 인간의 능력들이라는 촘스키의 믿음에서 발견할 수 있다. 명백히 이런 믿음은 무정부 노동주의자의 정수를 특징짓는 것이다. 그러나 창조성과 자유로운 자기표현의 가능성은 또한 심리 언어학에 대한 그의 저술에서도 중요한 테마이다. 결국 그의 스키너에 대한 리뷰에서의 원리적 결론은 언어는 자극 통제로부터 독립적이며 자유롭다는 것이다. 우리는 진실로 창조적인 방법으로 우리의 언어를 사용하는 능력을 가지고 있다. 그리고 촘스키의 언어 이론에서 그렇게도 중심적인 '문법적 규칙들'은 대부분 언어의 창조적 사용을 위한 선결 조건들이다.

나는 진정한 창조성이란 규칙 체계의 골격 내에서 자유롭게 작용함을 뜻한다고 생각한다. 예를 들어, 예술의 경우에 있어서 만약 어떤 사람이 벽에 무작위적으로 아무런 규칙도 아무런 구조도 없이 페인트통을 던진다면, 그것은 예술적 창조성이 아니다. 창조성이 규칙의 골격 내에서 일어나는 행동을 포함한다고 하는 것이 미학 이론의 진부한 말이지만, 그러나 그 창조성은 규칙에 의해서건, 외재적 자극에 의해서건 좁게 한정되는 것이 결코 아니다. 창조성의 문제가 제기되는 것은 바로 당신이 자유와 제약을 결합할 때만이다.[12]

우리는 촘스키의 정치적 실천이 만약 그가 학문적 전공 분야의 가장 개척적인 선구자로 이미 알려지지 않았다면 세간의 명성을 얻을 수 있었는지 의심해 볼 여지가 있다. 사실상 처음부터 그것을 둘러싼 논쟁이 있었음에도 불구하고 생성문법은 재빨리 미국 언어학의 주도적 위치로 부상하였고, 1960년도 중반에는 이미 확립된 '패러다임'으로 기술되고 있었다.[13] 어떻게 10년도 안 되는 사이에 이러한 위치를 획득할 수 있었는가? 많은 요인들이 이에 관여되어 있을 것이다. 무엇보다도 우선은, 언어학자의 상당수, 특히 젊은 언어학자들이 촘스키 이론의 전제가 믿을 만하며 그 결과가 인상적이라고 생각했다. 결국, 촘스키는 경험주의적 구조주의 접근법들이 오랜 기간 성공하지 못하고 씨름해 왔던 문법 분석의 문제들을 푸는 데 성공했던 것이다.

촘스키 사상의 수용은 1950년대 후반의 사조가 그것이 10년 전에 그랬던 것보다 추상적인 이론화에 훨씬 더 전도되었다는 사실에 의해 촉진되었다. 좀더 이른 시기에, 경험주의는 사회과학에서뿐만 아니라 철학에서도 그 절정에 놓여 있었다. 그러나 1950년대 경험주의는 모든 분야에서 세력을 상실하기 시작했다. 그보다 더 이른 시기에 이미 철학자들은 과학 이론들이 경험주의자들이 믿었던 것처럼 단순히 자료로부터 귀납적인 일반화를 도출하는 것이 아니라는 것을, 오히려 자료와 이론의 관계는 전형적으로 간접적이라는 것을 믿게 되었다.[14] 그리고 1950년대가 진전되면서, 미국의 심리학과 사회학을 동요케 할 만한 근본적인 부적합성이 경험주의 이론들에서 노출되었다.[15] 그리하여, 1957년에 촘스키가 지배적인 경험주의적 언어 이론에 도전한 것에 대해 청중들이 매료될 수 있었던 것은 놀랄 만한 일이 아니었다. 특히 젊은 언어학자들은 지성적 삶의 전선에 있었기에 촘스키의 생각에 대해 매료될 수밖에 없었다.

그러나 많은 초기의 생성주의자들이 그들의 저술에서, 그리고 공적인 학술 회의에서의 행동에서 채택하였던 대항적인 스타일 또한 젊은이들을 마침내 자기들의 편으로 끌어들이는 데 매우 효과적이었다는 점도 인정되어야 한다. 촘스키 그 자신은 언제나 적어도 공적인 자리에서조차 오히려 자제하고 있었다. 그러나 가장 이른 시기의 두 동업자, 리스와 포스탈은 '친위대'의 작업에 대한 화해할 수 없는 공격을 가함으로써 전설처럼 유명해졌다. 언어학에 대한 경험주의적 지향성을 드러내는 어떤 논문이나 발표도 상처를 입지 않은 채 빠져나갈 수 없었다. 이들 공격의 몇몇은 학문적인 비판의 정도를 심하게 벗어난 것이었고, 그들의 반대자들이 갖는 언어 연구에 대한 생각뿐만 아니라 반대자들의 지성과 인격을 비난하는 것으로 느껴졌다.

1960년대의 대학 캠퍼스의 분위기는 대결 유형의 승리를 보여졌다. 시민 권리 또는 반전 집회에서 다른 이보다 먼저 분노에 찬 목소리를 낸 학생들은 일반적으로 인정되고 있는 일련의 지적 명제들에 직접 대항하여 집중적인 공격을 퍼부은 리스나 포스탈 등과 즉각적으로 일체감을 느꼈다. 정치적 혁명과 언어학적 혁명 사이의 스타일의 유사성은 학생들에게 생성문법은 본질적으로 진보적인 정치 내용을 가지고 있음에 틀림없다고 생각하도록 이끌었다. 조지 레이코프는 "1968년의 프랑스 학생 봉기의 한 보고서는 언어학을 이슈로 삼고 있다. [촘스키 이전의] 구조주의는 제도적 경직성과 동일시되고, [촘스키의] 변형주의는 변혁과 동일시된다."[16]고 보고하고 있다. 레이코프가 지적했듯이, "구조주의 이론과 변형주의의 이론의 실제적 내용에 대해 조금이라도 알고 있는 이라면 누구라도 그런 견해를 믿지 않았을 것이다." 그러나 생성주의적 언어학이 변혁의 선봉에 있었다는 의미에서 보면 그 열정은 충분히 대단한 것이었다.

확실히 많은 언어학자들, 특히 나이든 사람일수록 "[생성문법가들의] 생각이 과시하고 있는 거만함에 대해 혐오감을 느꼈다."[17] 그러나 전반적으로, 미국 구조주의 언어학의 주도적인 지도자들은 촘스키의 전진을 막을 수 없었다. 그의 첫 번째 두 생성주의적 원고들이 출판업자로부터 거절당했지만, 뒤이은 모든 원고들은 받아들여졌다. 거의 첫출발부터 촘스키는 그 분야의 지도자들로부터 젊은 세대의 언어학자들 가운데 가장 총명하고 가장 독창적이라고 칭찬 받았다. 주요 학회와 토론회 등에 초대되어 행한 발표는 1950년대에 그의 세력을 확장시켰다. 그리고 1962년에는 그 해 국제언어학자대회에서 다섯 개 부문의 발표자 중 한 사람으로 참가하는 영예를 얻었다.

촘스키가 너무 쉽게 발표의 기회를 얻은 것은 언어학에서의 "촘스키의 혁명"이 단지 환상에 불과하다는 증거로 제기되었다. 결국 왜 주도적인 인물들이 그들 자신의 위치를 손상시키는지에 대한 논쟁이 진행되었다.[18] 그러나 그런 논쟁은 과학의 역사에 대한 잘못된 시각을 드러내고 있다. 사실 한 분야에서의 친위대들은 일반적으로 혁신적인 새로운 생각들에 대해 그들 대다수가 동의하지 않는다 하더라도, 일반적으로 그 혁신적인 생각들을 억압하려고 시도하지는 "않"는다. 다만 그 생각들을 간단히 수용하지 않을 뿐이다. 이는 뉴턴, 프리스틀리,[*] 켈빈[**] 등의 이론들이 어떻게 확립되어갔는가를 보면 잘 알 수 있다. 촘스키 혁명의 발전 과정도 이와 완벽하게 닮아 있다. 사포르타와 스톡웰(그 당시는 정말 둘 다 젊었다)과 그 밖의 몇몇 소수를 제외하고 1950년대 후반의 구조주의 언어학자들의 주도적 인물들은 생성주의자가 되지 않았다. 그럼에도 불구하고, 1957년 이후로, 실제적으로 일반이론을 다루고 있는 언어학 문헌들의 전반적 상황은 언어에

[*] Priestley, Joseph (1733~1804). 영국의 성직자·정치이론가·물리학자. —역자

[**] Kelvin of Largs, William Thomson, Baron(1824~1907). 스코틀랜드의 공학자·수학자·물리학자. —역자

대한 촘스키의 개념을 긍정하거나 부정하는 입장을 취해야 했으며, 촘스키의 영향을 드러내지 않고 문법 분석을 다룬 연구들은 극소수에 불과했다. 철학자인 존 설은 다음과 같이 말했다. "촘스키는 그 분야에 기존의 지도자들을 납득시키지는 못했지만, 그보다 중요한 것은 그가 그 지도자들의 대학원생들을 납득시켰다는 것이다."[19]

그리고 이들 대학원생들은 촘스키의 영향력을 확장시키는 데 있어서 비길 바 없는 위치에 있었다. 1960년대 중반과 후반의 경제부흥기간 동안 미국 대학 체계가 전례 없이 확장되는 가운데, 1965년 생성주의의 첫 번째 학급의 학생들이 최초로 박사학위를 수여받았을 때 친위대가 지배하는 대부분의 학과들은 그들을 고용하려 하지 않는 경향을 보였지만, 그것은 거의 문제가 되지 않았다. 일리노이, 캘리포니아, 텍사스, 오하이오, 매사추세츠, 워싱턴과 그 밖의 도처의 주립대학에서 새로이 만들어지는 학과들에 취업할 수 있었기 때문이다. 실제적으로 초기에 생성문법으로 박사학위를 받은 이들은 모두 주요 대학에서 지위를 얻었다. 언어학 연구의 전통적 중심부인 아이비 리그 대학들 — 하버드, 코넬, 예일, 펜실베이니아, 브라운, 그리고 콜롬비아 — 이 최초의 생성문법가들을 고용하는 데는 더 많은 세월이 걸렸지만, 생성주의 이론은 이로 인해 조금도 저지되지 않았다.

경제 부흥이 촘스키 이론의 성공에 담당했던 역할을 충분히 이해하기 위해서는 만약 생성문법이 4반세기 이후에 인정받게 되었다면 상황이 어떻게 되었을까를 생각해 볼 필요가 있다. 최상의 학과들에서 최상인 학생들 가운데 일부조차도 미취업이거나 주변적으로 취업되는 오늘날의 상황에서는 생각들이 그 분야에 (생성문법이 주었던 것과 — 역자) 동등한 충격을 주기 위해서는 더 많은 세월이 소요되어야 할 것이다.

생성주의 이론의 급속적인 성장은 또한 박사학위를 받은 다음 해인 1956년에 촘스키를 고용한 매사추세츠공과대학(MIT)의 막대한 자원에 힘입어 촉진되었다. MIT의 언어학은 처음부터 전자공학연구실험실(RLE)과 제휴 관계에 있었는데, 이 RLE는 생성주의 프로그램의 초기 몇 년 동안 매우 중요한 지원 역할을 담당했다. RLE는 처음에는 이차세계대전 동안 우연히 전파탐지기를 발전시켰던 MIT 방사선실험실의 한 부분이었는데, 협동 용역 계약 (곧 각각의 강화된 서비스가 기금에 기여하는 계약) 아래서 전쟁 이후에도 방사선실험실의 작업을 계속했다. RLE의 구성은 해를 거듭하며 변했지만, 1960년대를 거치면서 세 분야로 구성되었다. 일반물리학, 플라스마역학, 그리고 의사소통 과학과 공학(여기에 MIT의 음향실험실이 포함됨) 등이 그것이다. 음향실험실에 자리잡고 있던 모리스 할레가 1960년에 언어학 박사과정 프로그램을 조직했을 때, 언어학은 '의사소통 과학'으로 분류되는 것이 자연스러운 듯했다. 이처럼 언어학은 RLE의 영역 아래 있으면서 국방성으로부터 기금을 따내기에 적합했는데, 국방성은 연구간접비, 학생 장학금, 심지어는 일정 부분의 교수 월급을 지불했다.

국방성 기금을 받은 것은 초기 생성문법에 매우 도움이 되었다. 대부분의 기금들이 RAND 재단, MITRE 재단, 그리고 시스템 발전 재단 등과 같은 "두뇌집단"에 주어졌는데, 이 재단들은 언어의 전산번역과 질의-응답 시스템과 같은 것을 발전시키는 데에 형식문법을 이용하려 하였다.* 그러나 두 개의 커다란 국방성 기금이 대학의 언어학과에서 이루어지는 생성주의적 연구에 직접 주어졌다. 하나는 1960년대 중반 MIT에 주어졌고, 다른 하나는 그보다 몇 년 뒤 UCLA에 주어졌다. 미공군 한스콤 기지의 시스템 설계와 발전의 담당국장이었던 게인즈 대령은 1971년의 한 인터뷰에서 언어학 연구 프로젝트에 기금을 지원한 이유를 다음과 같이 제시하고 있다.

공군은 "지휘와 통제"라 불리는 컴퓨터시스템에 점차 많은 투자를 해왔습니다. 이 시스템들은 공군의 상태에 대한 정보를 담고 있으며, 군사작전을 기획하고 실천하는 데 사용됩니다. 예를 들어, 공중 공격과 미사일 공격에 대항하여 미대륙을 방어하는 것은 이러한 컴퓨터시스템을 사용함으로써 부분적으로 가능합

* 촘스키가 문법 분석에 관한 그의 생각을 기계 번역의 수요를 충족시키는 데 맞추었다는 것은 근거 없는 이야기에 불과하다. 실제로 촘스키는 1950년대 중반에 기계번역 연구팀의 일원이었지만 계속되는 작업에 대한 흥미의 결핍으로 이내 그 팀을 떠났다.

니다. 물론 이 시스템은 베트남에서도 우리 군을 지원하고 있습
니다.

　이 시스템의 데이터는 지휘관들의 질의와 요청에 대한 응답으
로 프로세스된 것입니다. 컴퓨터가 영어를 '이해할' 수 없기 때문
에, 지휘관의 질문사항들은 컴퓨터가 처리할 수 있는 언어로 번
역되어야 합니다. 그런데 이 언어는 그것의 형식에 있어서나 배
우고 사용하는 용이성에 있어서나 영어와 닮은 것이 거의 없습니
다. 만약 이 번역이 필요하지 않다면, 지휘와 통제 시스템을 더
쉽게 사용할 수 있을 것이며, 그 시스템을 사용하도록 사람들을
훈련시키는 것이 더 쉬워질 것입니다. 우리는 영어로 된 질문사
항들을 직접 이해할 수 있는 지휘와 통제 시스템을 어떻게 세울
것인가를 배우기 위해 언어학 연구를 후원했습니다. 물론 UCLA
연구와 같은 연구들은 이런 목적의 달성을 향한 첫걸음마에 불과
합니다. 그러나 이와 같은 시스템의 성공적인 작동이 언어학 연
구로부터 얻어지는 통찰력에 의존할 것이라는 것은 명백한 듯합
니다…."[20]

게인즈 대령은 계속해서 UCLA의 작업에 대한 공군의 "만족"
을 표현했다.

국방성의 자금 제공은 생성문법 연구에 뜻밖의 횡재와 같은
것이었지만, 그 대가 또한 치러야 했다. 좌파들로부터의 촘스키
이론에 대한 비판은 그 이론의 초기 작업들이 군사적 지원에 의
해 이루어졌다는 사실에 주의를 환기시키는 것을 낙으로 삼았
다. 몇몇 논평자들은 촘스키의 이론의 토대가 "반동적"이며 "관
념적"이라는[21] 그들의 비판을 뒷받침하기 위해 촘스키의 『통사

론 이론의 제양상』의 서두에 있는 〈감사의 글〉에서 다음 부분을 인용해 왔다.

> 이 문헌에서 보고된 연구는 부분적으로 MIT의 전자공학연구실험실의 지원에 의해 가능했으며, 계약 번호 No. DA36-039-AMC-03200(E) (미 육군, 미 해군, 미 공군의) 합동용역 전자공학프로그램에 의해 가능했다. 부가적인 지원은 미 공군(계약번호 AF19 (628)-2487, 전자공학시스템사단)과 국립과학재단(Grant GP-2495), 국립보건원(Grant MH-04737-04), 그리고 미항공우주국(Grant NsG-496)으로부터 받았다.

우리가 예상할 수 있듯이, 촘스키는 그의 이론의 사회적 내용이 연구를 지원한 기금의 출처로부터 연역될 수 있다는 비판을 간단히 기각해 버렸다. 자본주의 사회에서 대학에서 수행된 연구라면 어떤 것도 그 기금을 주는 직접적인 출처가 국방성이든, 교육성이든, 제록스재단이든, 포드 재단이든, 심지어는 공공 세금이든 간에 궁극적으로 동일한 출처를 갖는다고 촘스키는 주장한다. 곧 노동에 의해 창출된 잉여가치라는 것이다. 더구나 미국의 가장 거대한 군사적 계약자 가운데 하나인 MIT에서 일한 것에 대해, 그리고 국방성으로부터 기금을 수혜 받은 것에 대해 그를 비난하는 이라면 누구라도 칼 마르크스가 영국 박물관(한때 "세계에서 가장 악덕한 자본주의의 상징"[22])에서 공부한 것에 대해, 그리고 엥겔스—그의 부모는 면직공장을 하며 재산을 모았다—로부터 자금을 지원 받은 것에 대해 비난을 해야만 할 것이다.

여하간에 1960년대의 종료와 함께 이 문제는 미해결의 상태로 넘어갔다. 부분적으로는 베트남전이 확대된 것과, 이와 함께 군사비 지출은 직접적으로 군사적 연관성을 가질 것을 요구한, 세출예산안에 대한 맨스필드 수정법안의 조항 때문에, 그리고 부분적으로는 컴퓨터에 기반을 두어 응용하려는 시도가 성공적이지 않았던 — 게인스 대령이 성공적이라고 주장했음에도 불구하고 — 사실 때문에 MIT 언어학에 대한 국방성의 지원은 1970년경 중지되었다. 1970년대에 걸쳐 언어학 프로그램은 돈벌이가 되지 않는 국립정신건강보건국의 대학원생들에 대한 훈련 지원금에 만족해야만 했다.

1970년대에 생성문법의 영향력은 쇠퇴하였다. 이 분야 내에서의 촘스키의 특유한 견해들의 헤게모니는 도전받았으며, 전반적으로 생성문법은 그 이전에 언어학 분야 밖의 학자들 사이에서 향유했던 상당한 특권을 상실했다.

1970년대 초기에 촘스키는 생성문법론자 사이에서 소수집단에 속했다. 그때까지는 대부분의 생성주의자들이 자신들의 작업을 '생성의미론'과 동일시하고 있었다. 처음에 생성의미론자들은 분석의 기술적技術的 입장에 서 있다고 하더라도 극히 적은 함축 정도의 차이점만 있는 것으로 촘스키의 입장과 자신의 이론을 구별시켰다. 저명한 생성의미론자들의 대부분이 촘스키 자신의 제자들이었으므로, 처음의 차이점이 사소하다는 것은 놀랄 만한 일이 전혀 아니다. 그러나 1970년대 중반에 이르러 생성의미론은 대부분의 언어학적 문제들에 대해서 촘스키의 입장과 근본적으로 다른 입장에 도달하였다.[23]

생성의미론의 발전과정에서 주된 주제는 통사 기술의 범위를 지속적으로 확장시키는 것이었다. 생성의미론자들은 처음에는 통사론적 일반화와 의미론적 일반화의 구별을 거부했고, (예를 들어 *John Killed Bill* 과 *John caused Bill to die* 의 동의성과 같은) 의미 관계들이 변형 규칙들에 의해 다루어질 수 있다고 주장했다. 짧은 몇 년 내에 그들은 문법 이론은 또한 광범위하게 다양한 언어 사용의 일반화를 다루어야만 한다고 제안했다. 예를 들어, 로빈 레이코프는 영어가 말해지는 사회에서 여성의 위상에 대한 사실들을 문법 그 자체와 통합함으로써 그 결과 *Mary is John's widow* 와 같은 문장은 완전히 용인 가능한 데 반해 *John is Mary's widower* 와 같은 문장은 기묘한 현상을[24] 문법이 설명할 수 있도록 시도했다. 요컨대 생성의미론자들은 문법이론이 사회적 환경 속에서 언어를 다루기 위해 확장되어야 한다고 느꼈다. 이런 개념에서 보면, 문법은 촘스키가 생각했듯이 언어의 문장들을 그것들과 연관된 구조들로 생성할 뿐만 아니라, 또한 그러한 문장들이 적절히 사용되는 사회적 환경들을 명시하여야 한다.

생성의미론의 매력을 설명하는 것은 쉬운 일이다. 생성문법은 통사론적 과정과 음운론적인 과정, 그리고 좁은 영역의 의미론적 과정에 엄격하게 초점을 맞춰 왔다. 생성문법은 사회 속에서 언어가 갖는 역할에 대해 어떤 주장도 하지 않았으며, 또한 의사소통의 주된 매체로서 언어가 기능하는 바에 대해 어떤 주장도 하지 않았다. 그러나 많은 언어학자들은 이러한 접근법이 너무 제한적이라는 것을 깨달았다. 그들은 생성주의자들이 더 넓은 영역의 현상들을 바라보"아야만 한다"고 느꼈다.

1960년대 후반과 1970년대 전반의 정치적 분위기는 많은 진지한 언어학도들에게 생성의미론 프로그램을 선택하도록 촉진하였다. 이 생성의미론 프로그램은 형식 문법의 작업과 실제 세계에서의 언어의 사용에 대한 관심을 결합시킴으로써 언어학도들의 사회적 의식에 대한 요구와 더불어 그들의 지적 관심을 만족시켜줄 것이라고 약속했다. 조지 레이코프가 언급한 다음의 지적은 의심의 여지없이 타당한 지적이다. "이제 학생들은 생성의미론에 흥미를 느낀다. 왜냐하면 그것은 학생들에게 인간 사고와 사회 작용의 본성을 연구하게 하는 길이기 때문이다."[25]

그러나 문법 분석의 영역을 확대해나가는 것은 형식 이론을 구축하려는 시도를 불가피하게 훼손한다. 노골적인 문제는 생성의미론자들이 자신과 관련된 것을 형식적 용어로 진술하는 것을 허용치 않는다는 것이다. 조지 레이코프에 있어서 형식적 진술로 표현하는 것을 거부하는 것은 원리의 문제가 되었다. 조지 레이코프는 이방적 언어의 비형식적이며 순전히 기술적記述的인 설명으로 돌아갈 것을 주창했다.[26] 그리고 로빈 레이코프는 심지어 페미니즘적 입장을 명시적으로 취하면서 형식주의로부터 벗어나 방향 전환할 것을 주장했다.

> … 지난 날 형식주의에 대한 과도한 복종에 대해 염증을 느낀 많은 이들은 여성이었다.… 우리들 가운데 많은 이들에게 실망을 느끼게 하는 것은 바로 언어의 피상적 양상들을 형식적으로 기술하는 것에 대한 강조라고 나는 생각한다. 그리하여 많은 여성들이 관련된 분야로 도피하기 위한 시도로 심리언어학과 사회언어학으로 들어가지만… 그러나 주류에서 벗어나게 되며 결국 불만족스러운 결말에 이르고 만다. 여성들에게 형식주의에 대한 본질적인 불편함이 있는 것인지, 혹은 결국에는 극복될 수 있는 후천적 속성인 것인지 나는 알지 못한다. 나는 단지, 지금 이런 상황이 사실이며 당분간 이런 상태가 지속될 것이라는 것을 안다. 나는 사람들이 어떤 분야에 재능이 없다고 말하면서도 사람들을 그 분야로 이끌고, 그리하여 그들의 능력들을 낭비케 하고, 그들의 지성을 모욕하는 것은 범죄라고 생각한다.[27]

생성의미론자들이 처음 거둔 성공의 부분적 요인은 그들의 영향력이 광범위한 영역에 미쳤기 때문이라고 해도 무방하다. 1970

년대 초기에 생성의미론자들은 미국 전역에 걸쳐 교수 지위를 얻어 뻗어나갔다. 반면에 촘스키의 추종자들은 거의 대부분 MIT에 있었다. 이것은 단지 생성의미론에 국가적 '이동'이라는 기운을 주었을 뿐만 아니라 다른 방법론보다 10배나 많은 학생들이 생성의미론을 배운다는 것을 의미했다. MIT언어학과를 특징짓는 (그리고 어느 정도 여전히 특징짓는) "배타적인 소집단"의 분위기는 생성의미론자들의 선교사적인 열기와 날카롭게 대비되었다.

생성의미론자들이 촘스키 이론의 좁은 초점에 대해 논박을 할 때 다른 비판가들이 문법의 본유적 기반에 대한 촘스키의 주장에 대해 점증하는 불만을 토로했다. 그리하여 상식과 상충하는 본유적 통사 원리에 대한 요구가 없이도 동일한 영역의 사실들을 다룰 수 있는 대안적 가설들이 체계적으로 세워지게 되었다.

스위스 심리학자 피아제°의 이론은 가장 대중적인 대안을 제공했다. 피아제는 학습을 주관하는 일반원리들이 보편 문법과 같은 개념에 의존하지 않고서도 언어 발달을 설명할 수 있다고 믿었다.[28] 지식 습득에 관한 피아제의 이론, 곧 '발달 구성주의'는 "규제적이거나 자동 규제적인 메커니즘들"의 존재를 설정했는데, 이 메커니즘들은 아동의 인지 발달의 각 단계에서 역할을 담당한다. 원칙상 이런 메커니즘들은 언어뿐만 아니라 그밖의 많은 것들, 이를테면 어린이의 분류 능력, 수단-목적 지식, 상징

Jean Piaget(1896~1980). 스위스의 심리학자. 어린이가 이해력을 획득하는 과정을 체계적으로 연구한 최초의 학자로서 많은 사람들은 그를 20세기 발달심리학의 대표자로 생각한다. ─역자

놀이 등의 습득을 규제한다. 1970년대 초기에 더욱더 많은 심리언어학자들은 본유적인 문법적 보편소라는 촘스키의 개념을 포기하고 언어습득은 외재적 환경의 자극들과 다목적의 인지적 기술들이 상호작용하는 것으로부터 산출된다는 피아제의 생각으로 방향을 돌렸다.

생성의미론과 피아제의 심리언어학의 연합된 도전의 결과로 생성문법의 우월권은 1975년경에 모든 시대보다 가장 낮은 상태로 떨어졌다. 이 시점을 지나 생성문법 그것의 상대적 중요성은 점차 증가되고 있다. 생성문법이 다시 새롭게 거둔 성공은 1970년대 후반경 생성의미론의 분극화와 와해에 부분적으로 기인한다.

한편으로 언어의 사회적 문맥에 대해 관심을 가졌던 이들은 점차 사회언어학에 가깝게 옮겨갔다. 언어에 대한 사회학적 지향성은 미국에서 언어의 사회적 양상에 대한 연구에 관심의 폭발이 이루어진 1960년 후반에 그 전에는 도달하지 못했던 대단한 상태가 되었다. 이는 처음에는 생성의미론의 매력에 부분적으로 기인했음에 틀림없다. 그러나 수많은 학생들이 문법 구성으로부터 방향을 바꾸어 새롭고 빠르게 성장하는 사회언어학 분야로 발길을 돌렸다. 사회언어학자들은 생성의미론적 프로그램이 원래 형태소 순서와 모음 교체와 같은 문장-층위의 속성들을 다루기 위해 고안된 골격 내에서 사회 현상을 다루려고 하는 것을 놀라운 눈으로 지켜보았다. 생성의미론자들이 사회 과학의 전통적 시각 대신에 여전히 문법 분석을 하고 있는 것으로 아무리 가장하더라도 사회언어학자들은 생성의미론자들의 대부분이 언어를 사회적 문맥 속에서 연구하고 있는 것으로 확신하는 데에 어떤 어려움도 없었다.

다른 한편, 인간 언어의 엄밀히 문법적인 속성을 특징지을 수 있는 이론을 발전시키는 데 관심을 둔 이들은 문법 그 자체로부터 사회 현상을 배제하는 (곧 생성문법의 전통적 개념인) 자율적 개념으로 더욱더 되돌아갔다. 그들은 모든 언어적 사실들을 문법 분석의 대상으로 간주함으로써 전적으로 형식적인 원리들을 발전시킬 수 있는 분석 불가능한 자료 안으로 빠져 들어갔다. 실제로 생성의미론자들의 많은 글들은 언어에 관한 매혹적인 사실들을 비공식적으로 표현하는 데 거의 관심을 두지 않았다.

생성의미론의 전복은 보편 문법의 속성들의 이해에 중요한 일련의 진보에 밀접하게 기인한 것이다. 1979년에 도입된 촘스키의 '지배-결속 이론'은[29] 공통점이 없으며 휘어잡을 수 없는 듯한 수많은 문법적 현상들을 개념적으로 단순하고 우아한 총체적인 골격 안으로 통합해 내는 데 성공했다. 이 작업은 미국 언어학자들에게 형식 문법에 대한 관심을 다시 들끓게 했을 뿐 아니라, 촘스키에게 처음으로 의미심장한 추종자들을 끌어 모으게 하였다. 실제로 촘스키가 이탈리아의 피사에서 처음으로 일련의 강의를 발표한 바 있는 지배-결속 이론은 미국 내에서만큼 미국 밖에서도 많은 지지자들을 갖고 있다.

또한 컴퓨터 혁명은 생성주의의 행운을 고양高揚시켰다. 컴퓨터 공학과 형식 문법 이론 양자의 발전은 이십년 전에는 상상도 할 수 없었던 실천적 작업들을 그 이론으로 적용할 수 있도록 만들었다. 예를 들어 지난 수년 동안, 생성문법가들과 함께 작업을 한 컴퓨터 전문가들은 영어로 씌어진 어느 정도 복잡한 질문들을 이해하고, 이에 대한 응답을 컴퓨터 데이터베이스에서 찾게 하고, 이를 다시 영어로 바꾸어 응답토록 처리하는 프로그램을 만들어냈다. 컴퓨터 산업은 이 새로운 세대의 '낯익은' 컴퓨터에 거금을 투자했다. 게인즈 대령이 지적했듯이, 컴퓨터와 상호작용하는 방식에 있어서 지침을 모국어로 주는 것 이상으로 더 '낯익은' 방식은 무엇이겠는가? 산업체들이 문법과 관련된 가장 고도의 기술적技術的 지식을 가진 생성문법가들을 가치 있는 자원資源으로 여겨야만 하는 충분한 이유가 있다. 실제로, IBM, 휴렛팩커드, 제록스, 그리고 다른 산업체들이 이미 생성주의자들을 고용하고 있다.

생성주의자들의 기능에 대한 산업체의 요구가 상승될 것이라고 보는 것은 모든 점에서 근거가 있다. 생성주의적 원리들에 위탁한 이들이 그 원리들의 적용 가능성이 실천적으로 제시되는 데 기뻐하고 있고, 또 컴퓨터 혁명이 훈련받은 언어학자들에게 더 많은 취업 기회를 창출하고 있음에 기뻐하고 있는 한편, 이들은 또한 공학의 수요가 그 분야에서 수행되고 있는 연구의 본질을 심각하게 훼손할지 모른다고 우려하고 있다. 예를 들어 보편문법의 본질을 밝혀내는 데 가장 만족스러운 생성주의적 어떤 골격이 컴퓨터 응용에 있어서 다른 골격보다 덜 적합할 경우, 산업체들이 전자보다 후자를 지원할 것으로 보는 것이 더 자연스러운 추론일 것이며, 이렇게 된다면 엔지니어링의 응용을 향한 연구로 흐름이 바뀌게 되고, 그리하여 언어학적으로나 심리학적으로 가장 타당한 이론의 발전으로부터 벗어나게 될 것이다. 아직은 이런 일이 일어나지 않았지만, 많은 생성주의자들은 그런 일이 실제 일어날 가능성이 있다고 우려하고 있다.

미래에 대해 가질 수 있는 희망이 어떠하든 간에, 그리고 60년대 중반에 향유했던 지배적 위치에는 미치지 못하지만, 여전히 생성문법만이 현재로는 가장 적절하게 성공을 거두고 있다. MIT는 미국의 주도적인 언어학과에 일관되게 투자를 하고 있으며,[30] 의심할 바 없이 그 졸업생들은 최고로 여겨지는 직장에 취업하고 있다. 그러나 생성주의적 박사들이 비생성주의적 경쟁자들보다 취업 시장에서 더 좋은 대접을 받는 것은 아니다. 국립과학재단이나 미국고등학술평의회와 같은 주요한 기관들은 실험음성학과 습득 연구와 같이 엄청난 비용이 들어가는 일에 종사하는 이들에게는 최대로 지원하고 있는 반면에, 생성주의자들에게 아주 적은 예산을 책정할 뿐이다. 생성주의자들이 이 분야의 힘있는 기관들을 지배하고 있다고 생각할 만한 어떤 기준도 없다. 미국언어학회의 역사에서 일년 임기의 선출 회장에 단지 두 명만이 생성주의자 가운데서 선택되었을 뿐이며, 그 학회의 위원회 가운데 생성주의자들이 차지하고 있는 비중도 소수에 불과하다. 미국언어학회에서 발행하고 있는 학술지인 『언어』*에 있어서도, 발행인은 비생성주의자이며, 편집위원회의 위원 가운데서도 생성문법가들은 소수에 불과하다. 『언어』에 게재된 논문들과 평론들은 생성주의의 강도를 보여주지 않는다. 3분의 1 정도만이 생성문법을 지향하고 있다.

비록 생성주의적 "패러다임"의 주창자들이 그들의 대학에서 종신재직권이 없다는 비판을 조용하게 할 만큼 충분히 힘이 있다고 몇몇 언어학자들이 여전히 주장하더라도,[31] 촘스키에 대한 비판은, 종신재직권을 갖든, 안 갖든 간에 전혀 '조용하지' 않다. 어떤 저널도 촘스키의 견해에 대한 비판을 규칙적으로 게재하지 않는 저널들이 없을 정도이다. 이에는 촘스키가 재직하고 있는

MIT의 언어학과에서 편집되는 『언어 탐구』*도 포함된다.

현재로는 미국 언어학자의 3분의 1정도가 생성문법가이거나 혹은 그들의 제일언어 습득이나 제이언어 학습 등등에 대한 연구에서 생성문법을 전제한다. 다른 3분의 1의 접근법은 비생성주의적 지향의 문법을 연구하거나 그들의 실험적 연구나 응용 연구에서 촘스키의 가정들을 거부한다. 나머지 3분의 1은 사회언어학과 음성학의 경우에서처럼 그런 문제에 대해 어떤 입장을 취하는지가 중요하지 않는 언어의 양상을 다룬다. 그리고 이상의 분류는 그들 자신을 언어학자로 보지 않고, 대신에 문예 학과에서 연구한다고 생각하는 인문학적 지향성을 갖는 언어 연구자들을 고려하지 않은 것이다.

그렇다면 굉장히 허풍을 떨었던 "촘스키의 혁명"은 도대체 어떻게 된 것인가? 촘스키 그 자신은 그 분야가 그런 변혁을 겪었다는 생각에 대해 확고하게 부인한다. 한 인터뷰에서 자신의 견해를 "내가 관심을 두고 있는 종류의 언어학이 미국에서 살아남는다면, 언어학과에서가 아니라 [인지 과학 프로그램]에서일 것이다."[32]라고 밝힌 바 있다. 그리고는 계속해서 다음과 같이 말한 바 있다.

적어도 이 분야와 내 자신의 관계를 거슬러보면, 그 관계는 늘상 완전히 고립되어 있거나, 아니면 거의 완전히 고립되어 왔다. 그 상황이 지금이라고 해서 달라진 것이라고 보지 않는다. … 내가 행하고 있는 것과 같은 종류의 작업이 어떤 때든 매우 극소수의 사람들 이상으로 관심을 끈다고 생각할 수 없다.[33]

촘스키의 영향력은 거대하지만, 그 영향이 반드시 일치를 가져온 것은 아니다. 그는 의심의 여지없이 세계 언어학자의 '극소수' 이상의 충직한 신하들을 거느리고 있다. 그러나 만약 촘스키가 이 분야에서 가장 추종받는 학자라면, 또한 가장 많은 공격을 받는 학자이다. 그 정밀한 모습은 생각할 여지가 많다. 그러나 한 가지 사실은 명백하다. 그의 생각들은 철저히 언어학을 변형시켰다는 것이다. 어떤 지향성을 갖든 간에 언어학도라면 누구라도 촘스키의 생각에 대한 고려가 없이 진지한 언어 연구를 수행할 수 없다.

5. 자율 언어학에 대한 반박

언어학과 정치

The Politics of Linguistics

지난 장에서 기술되었던 대로, 촘스키와 그의 비판가들 사이의 논쟁은 모두 기본적으로 자율 문법의 영역 내에서 일어났다. 생성문법학자들은 구조주의자들의 전제들에 도전해왔으며, 뒤이어 생성의미론자들에 의해 도전을 받아왔지만, 그 논쟁은 자율 언어학의 본질적인 가정들을 결코 건드리지 않았다. 그러나 다른 지향성을 가진 언어학들은 자율 언어학에 평행하여 언제나 존재해 왔으며, 또한 종종 그들 자신을 자율 언어학에 대립하는 것으로 규정해왔다. 어떤 이들은 자율적 체계로서 언어를 분석하려 하는 사람들이 우선권을 갖는 데 대해 단지 반대하는 데 그친 반면, 다른 이들은 자율 언어학의 지적인 가치와 정치적인 진실성에 도전을 해왔다.

자율 언어학은 시작부터 인문과학자들로부터 엘리트주의적인 반대를 불러일으켰다. 처음에는 고전적 문헌학자들이, 그 다음에는 서구 문예학자들이 자율 언어학이 문어文語가 아닌 언어들과 대중의 방언들에 기울인 주의를 심한 분노로 경멸했다. 고전적 문헌학자들의 반대는 진정한 신사紳士만이 고전적 교육을 받을 만한 가치가 있다는 생각과 더불어 실패로 끝날 운명이었다. 고대 그리스와 로마의 언어들이 학문적 커리큘럼의 중심을 형성해야 한다는 생각이 멈추게 되자, 이러한 언어들이 언어 연구의 토대를 형성해야 한다는 생각도 또한 같은 운명에 처해졌다. 그러나 문헌학자들의 이러한 반대의 유산은 고전적 언어들이 여전히 강조되는 대학들에 이어지고 있다. 예를 들어 옥스포드와 캠브리지에서는 자율 언어학의 한 변종이 상징적으로만 존재할 뿐이다. 다른 한편으로, 문예학자들에 의한 엘리트주의적 태도들은 구조 언어학과 생성문법의 발전을 계속해서 저해하고 있다. 그들의 반대가 북미에서는 일시적으로만 효과적이었던 반면에, 유럽 대륙에서는 오늘날까지도 구조주의적 지향성의 프로그램들을 제안하는 것은 위대한 문예 언어들의 연구를 손상시킨다는 이유로 거절되고 있다.

그러나 자율 언어학에 대한 인문과학적 반대가 엘리트주의적 감정에 전적으로 결합되어 있는 것으로 간주하는 것은 잘못일 수 있다. 사실은 전혀 그 역이다. 인문과학적 반대는 전형적으로 언어를 인간 자유의 본질을 구체화하는 것으로 보는 관점을 취하며, 자율적 관점은 그러한 관점에 대한 위협이라고 간주한다. 특히, 인문주의적 비평가들은 문법 요소의 구조주의적 목록들과 생성문법적인 규칙 체계에 함축되어 있는 언어의 '비인간화'에 반대한다. 아마도 이러한 입장의 가장 명료한 진술은 최근 폴 굿먼의 『말하기와 언어 : 시의 옹호』일 것이다.[1] 굿먼은 인간의 창조적 정신의 본질은 구조들과 규칙들을 전수하는 능력이라는 것을, 그리고 어떤 실제적 중요성과 동떨어져서 문법학자들이 구축한 것은 자의적 약정의 족쇄에 불과하다는 것을 설득력 있게 주장했다. 굿먼은 진정한 시인에게는 그러한 구축물들이 아무런 소용이 없으며, 그리고 우리들 모두는 잠재적인 시인들이라고 믿는다. 조지 스타이너의 『바벨탑 이후 : 의미와 번역의 양상들』도 비슷한 관점을 취하고 있다. 스타이너가 지적하고 있듯이, '사적 자아', 곧 '인간 개체'의 산물은 메마르고 기계적인 규칙에 자연스럽게 저항한다. 스타이너는 "언어와 번역에 대해 더 잘 알기 위해서 우리는 변형 문법의 '심층 구조'로부터 시인의 더욱 심층적인 구조로 나아가야만 한다."[2]고 말한다.

자율 언어학에 대한 인문주의적 반대자들은 특히 '랑그 대 파롤'(그리고 언어능력 대 언어수행)의 이분법을 공격한다. 예를 들어, 『언어 메이커들』[3]이란 저서에서 로이 해리스는 '랑그'에서 단지 '집단적 동형성'을 볼 뿐이라 하고 있다. '랑그'가 개별 언어의 모든 화자들에 공통된 속성이기 때문에, 그것은 전체로서의 공동체 의지에 개인의 의지를 종속시키는 장치라는 것이다. 촘스키의 '보편 문법'에 의해 암시된 동질성은 모든 문화에 대한 파멸의 결과를 낳는다. 로빈슨은 이를 다음과 같이 적고 있다.

> 종국에는 촘스키가 내세우는 보편소라는 독트린이 그러하듯이 모든 언어들을 매우 비슷한 것으로 보는 것은 언어학자가 갖는 일종의 속물 근성임에 틀림없다. 이는 언어학자가 한 언어와 많은 개별언어들의 눈부신 다양성에 대한 경이로움을 상실하게 된다는 것을 의미하는데, 이 경이로움은 인간의 공통된 소유물로서의 언어가 보여주는 경이로움의 한 국면이다. 촘스키의 의미론적 보편소는 마치 한 비평가가 (사람들에게 알려져 있는) 위대한 시들이 공유하고 있는 기저의 '거대 시가*Great Poetry*'를 찾음에 의해 그 시들을 설명하려고 시도하는 것과 흡사하다. 그렇게 하는 것은 불가피하게, 일반적으로 시를 논의할 가능성뿐만 아니라 시에 대한 흥미를 상실시키고 말 것이다.[4]

그렇다면, 언어학자들의 대안적인 과업은 무엇인가? 로빈슨은 다음과 같이 쓰고 있다. "나는 만약 언어학자들이 [규칙들과 보편소들을 찾는] 대신에 10년 또는 20년 동안 언어의 특정 조각들을 중재한다고 해서 — 예를 들어, 몇 편의 시를 읽을 수 있다고 해서

—그 주제에 대해 어떤 해를 끼친다고 믿지 않는다."[5]

미국에서의 인문주의적 비판의 충격은 인문주의적 실천자들이 언어학 분야를 떠나거나 또는 그 분야로부터 배제되었다는 사실 때문에 감소되어가고 있다. 그들은 언어학자라기보다는 문예학자로 보였기 때문에, 언어학계에서는 그들을 쉽게 무시하였다. 지난 30년 동안 많은 자율 언어학자들이 인문주의적 감성의 호소에 기반을 둔 비판에 응답해왔는지 의심스럽다.[6]

다른 한편으로, 사회과학적 지향성으로부터의 자율 언어학에 대한 비판은 더욱 크게, 더욱 일관되게 영향을 미쳤다. 언어를 사회과학적 입장에서 접근하는 많은 이들은 언어의 어떤 양상이 그 언어가 말해지는 사회와 독립적으로 분석되어야 한다는 전제를 반박하고 있다. 사회과학적 지향성의 언어학자들은 사회와 절연된 분석이 결실을 맺을 수 있을 가능성을 인정하지 않았다. 사실상 자율 언어학은 일반적인 상식과 상충하는 것처럼 보인다. 언어학개론을 가르쳐 본 사람은 누구라도 매우 똑똑한 학생들 중 상당수가 처음에는 단순히 사회의 구조가 언어의 구조를 결정짓는다고 가정하고 있다는 것을 잘 알고 있다. 게다가, 몇몇의 학생들에게 있어서 그 수업을 받는 기본적 동기는 사회와 언어 간의 연관의 본질을 더욱 정밀히 배우려는 욕구에서인 것이다.

언어 구조가 화자의 외적 세계와 밀접하게 연관되어 있다는

인문주의적 학자들과 그들의 반대자들 사이의 갈등은 영어학과에서 여전히 격렬하게 진행중이다. 그러나 인문주의적 학자들의 주된 적은 생성문법학자들이 아니라 유럽의 구조주의적 운동, 곧 바르트, 데리다, 라캉을 통해 전수되고 있는 소쉬르이다.

생각의 가장 응집된 표현은 언어에 대한 마르크스주의적 저술의 전통에서 발전되어 왔다. 비록 마르크스나 엥겔스 중 어느 누구도 언어의 발전된 이론을 결코 표현하지 않았지만, 그들의 저술의 여기저기에서 나타나는 구절들은 이 주제에 대한 그들의 생각의 단서를 보여주고 있다. 물론 그들이 말한 것이 부분적으로 자기 모순적이라는 결론은 피할 수 없다. 마르크스와 엥겔스의 사상이란 것이 오랜 이력을 걸쳐 상당히 진화되어 왔으며, 어떤 점에서 그들에게 별로 직접적인 관심이 없었던 주제에 대해 일관성을 유지해야 할 이유가 없다는 점을 고려하면, 이는 놀랄 만한 일이 결코 아니다. 그러나, 의미가 중의적이지 않은 구절이 하나 있는데, 이 구절은 20세기 마르크스주의적 언어학자들에 의해 가장 널리 인용된 구절이다. 마르크스와 엥겔스는 『독일 이데올로기』에서 다음과 같이 쓰고 있다.

> 언어는 의식만큼 오래된 것이다. 언어는 또한 다른 사람들에게도 존재하는 실천적 의식이며, 그런 이유만으로 그것은 또한 개인적으로 나에게도 실제로 존재한다. 언어는 의식과 마찬가지로, 단지 다른 사람들과의 상호 작용의 욕구, 필요성으로부터 발생하는 것이다. 관계가 존재한다면, 그것은 나를 위해서 존재한다. 동물은 전혀 어떤 관계도 맺지 않는다. 동물에게 있어서 다른 동물과의 관계는 관계로 존재하는 것이 아니다. 그러므로 의식은 처음부터 사회적 산물이며, 인간이 존재하는 한 오랫동안 남아 있을 것이다.[7]

의식은 사회적 산물이고, 언어는 (실천적인) 의식이다. 그러므로 언어는 사회적 산물이다. 이 삼단 논법은 그 이상 직선적일 수 없다. 이 구절에서 마르크스와 엥겔스는 언어를 상부구조적 현상, 즉 사회의 경제적 토대에 의해 영향을 받으며 다시 영향을 주는 현상으로 분명히 표현하고 있다. 그렇다면, 그러한 결론 아래서 마르크스주의자는 어떻게 언어의 연구를 수행할 것인가? 그 방식은 그것의 조직과 사용에 기여하는 경제적 요인과 역사적 요인의 상호작용을 세밀히 검토함으로써 문화 제도 또는 이데올로기와 같은 다른 상부구조적 현상의 연구를 수행하는 것과 동일한 방식일 것이다. 이러한 결론에 따른다면 자율 언어학이란 자율 법률학만큼이나 생각하기조차 불가능한 것이다.

러시아의 볼로쉬노프의 『마르크스주의와 언어 철학』은 최초의 명시적인 마르크스주의적 언어 연구로서, 1920년대 후반에 저술되었다.[8] 볼로쉬노프는 한 발화가 취할 수 있는 상이한 형식들을 분석함에 의해 언어의 문체적 양상에 대한 관심을 기울였다. 그는 보고 발화(다른 이의 발화를 자세히 말하는 데 사용되는 발화), 직접 화법, 간접 화법 등과 같이 특정의 형식들을 생생하게 묘사하는 데 사용되는 장치들이 글이 쓰인 시기에서의 사회의 구조와 역사적으로 연관될 수 있다고 제안했다. 예를 들어, 볼로쉬노프는 중세 프랑스와 르네상스 프랑스 사이에 엄밀히 선적선的인 산문 문체로부터 더욱 회화繪畫적인 문체로 이동한 것은 권위주의와 독단주의로부터의 일탈을 반영하는 것이며, 이러한 일탈은 프랑스 사회의 계급 구조가 변화를 겪은 탓이라고 주장했다.

볼로쉬노프의 연구 이래, 마르크스주의적 언어학은 언어와 사회 사이의 접촉의 모든 영역으로 탐구의 영역을 넓혀갔다. 그리하여 전형적인 한 연구는 언어가 지배 집단의 교훈들을 더 큰 사회에 강요하는 방법을 조사했으며, 다른 연구는 도심에서의 노동 계급의 발화와 중간 계급의 발화 간의 차이점을 기록했다. 또 다른 연구는 1066년 이후 2세기에 걸쳐 영국에서 사용된 노르만 프랑스어가 그러하였듯이, 정복 세력의 언어가 정복이 끝난 다음에도 오랫동안 지배계급의 발화로 남아 있는 역사적 예를 인용했다. 그리고 다른 연구는 에스페란토어와 같은 '세계어'를 위한 운동이 특정 계급의 이익에 결부되어 있다는 것을 주장했으며, 또 다른 연구는 스위스와 다른 국가들에서의 언어 조화의 이데올로기와 실제 상황 간의 양극에 균열이 있다는 주장을 옹호했다.

나아가 마르크스주의적 언어학의 전통에 따라 씌어진 상당량의 논문들은 마르크스주의의 사고에서 매우 중심적인, 이론과 실천의 통일을 강조하면서, 언어-계급 연관성의 단순한 기술을 넘어서려고 시도했다. 그러므로 베를린이나 함부르크에 거주하는 터키 노동자들의 발화를 다룬 한 논문에서, 터키 노동자들에 대한 억압이 그들의 언어가 독일의 다수 집단과 다른 탓으로 인해 어떻게 고조되고 있는가를 기술한 후, 그 상황을 완화하는 데 도움이 되는 특정의 개혁 방안을 요구하고 있는 것은 하등 이상할 것이 없다. 다른 이들은 심지어 이보다 더 나아가서, 특정 언어 상황을 전체 사회의 계급 구조의 표상表象으로 취급하면서 언어적 동질성을 향한 터키인의 투쟁이 어떻게 혁명적 변혁을 위한 일반 운동의 부분을 형성할 수 있는가를 개관하고 있다.

자율 언어학과 마르크스주의적 학문의 연구 프로그램 간의 차이점을 고려한다면, 언어에 대한 저서를 쓴 이들 가운데 자율 언어학과 마르크스주의적 언어학 양자 모두에 대한 기여하고 있는 연구자가 극소수라는 것은 놀랄 만한 일이 아니다.[*] 그러한 연구자 중 한 명이 MIT에서 언어학 공부를 한 조셉 에몬즈이다. 에몬즈는 영어의 주어 대명사에 대한 최근의 연구에서 그것들의 문법적 속성들을 설명하기 위한 생성 규칙들을 제안하는 한편, 그 규칙들의 사용을 지배하는 사회적 환경을 기술했다.[9] 에몬즈는 주어 대명사가 접속된 문장에서, 목적격 대명사(*him and me left*) 대신에 주격 대명사(*he and I left*)를 써야 한다는 규범은 지배적인 사회경제적 계급이 자신을 다중多衆과 분리하기 위해 의식적으로 강요한 언어 장벽의 한 예라고 주장한다. 에몬즈는 만약 주격형의 사용을 제창하는 것이 대중의 권리를 빼앗는 언어적 장애로 이용되지 않았다면 실제적으로 주격형이 하룻밤사이에 사라져 버렸을 것이라는 증거를 보편 문법의 원리로부터, 그리고 그 구성의 역사로부터, 또 어린이들에 의한 주어 대명사의 습득과 사용의 관찰로부터 제시하고 있다.

에몬즈와 몇몇 다른 이들의 작업에도 불구하고 대부분의 마르크스주의적 언어학도들이 자율 언어학을 무관심한 감정에서부터 철저한 적대감에 이르는 감정으로 대하고 있다고 말하는 것은 타당한 듯하다. 상당수의 마르크스주의자들에게 있어서 자율 언어학자들의 문법 저술 활동은 언어의 사회적 실재에 대한 중요한 연구를 혼란시키고 있는 것 이상으로 나쁜 것은 아니다. 그러나 다른 이들은 자율 언어학이 문자 그대로 마르크스주의와 양립 불가능하다고 결론짓는다. 그들은 언어가 사회적이고 문화적인 양상에서뿐만 아니라 문법을 포함한 모든 양상에서 상부구조적 현상이라고 간주한다. 볼로쉬노프 그 자신도 이러한 관점을 취했다. 그는 소쉬르의 구조주의를 '추상적 객관주의' 즉, 비역사적인 폐쇄 체계로 간주했으며, 이는 "발달 과정의 끊임없는 흐름"에 놓여 있는 언어의 진정한 본질과 양립 불가능하다고 보았다.[10] 그는 또한 구조주의가 구성과 구조 속에서의 언어를 이데올로기의 도구로 인식하는 데 실패했다고 비난했으며, 구조주의를 "추상적 객관주의의 가장 심각한 오류 가운데 하나인, 언어를 그것의 이데올로기적 충만으로부터 절연시키는 것"으로 간주하였다.[11]

볼로쉬노프에게 있어서, 자율 언어학에 의해 선호되는 순수한 문법 연구는 단어가 토대와 상부구조의 상관관계를 어떻게 반영하는가, 즉 "실제적 존재(토대)가 기호를 어떻게 결정하며 기호는 어떻게 그것의 생성 과정에서 존재를 반영하고 굴절시키는가"를 밝히려는 노력으로 대치되어야 한다.[12] 물론 기호와 존재 간의 관계의 뿌리는 언어 그 자체의 바깥으로부터 발견되어야 한다. "생산 관계와 그러한 관계에 의해 형성된 사회정치적 질서는 — 직장에서건, 정치적 삶에서건, 이데올로기적 창조성에서건 — 사람들 사이의 언어적 접촉의 모든 영역을, 곧 그들의 언어적 의사소통의 모든 형식과 수단을 결정한다. 다음으로, 언어적 의사소통의 조건들, 형식들, 그리고 유형들로부터 발화 수행의 형식뿐만 아니라 주제까지도 유도된다."[13]

양대 세계전쟁 간에 활동했던 두 명의 미국인 언어학자들, 즉 에드워드 사피어와 벤자민 워프는 언어 구조와 '외재적' 현상 사이에 밀접한 연관이 있다는 생각에 대한 중요한 지지를 보내고 있다. 사피어는 언어 구조는 직접적으로 세계관을 형성하는 것

이며, 다른 구조들은 실재에 대한 다른 지각을 의식에 부여한다
고 믿었다.

> 언어는 … 그것의 형식적 완결성 때문에, 그리고 경험의 영역
> 속으로 언어의 암시적인 예상을 무의식적으로 투사하기 때문에
> 우리들의 경험을 실제적으로 한정한다…. 언어 형식이 세계에서
> 우리의 지향성을 부여하는 전제군주적인 지배력을 갖기 때문에
> 수, 성, 격, 시제와 같은 범주들은 … 언어에 부여되는 만큼 경험
> 적으로 발견되지 않는다.[14]

사피어의 생각은 더욱 발전하여 그의 제자 워프에 의해 특정
언어들에 적용되었다. 1940년대 이래로, 언어 구조가 세계관의
결정 요소라는 관념은 "사피어-워프 가설"이라는 이름으로 알려
지게 되었다.

언어와 문화 간의 상관관계에 대한 워프의 생각은 많은 미국
인디언 종족들, 특히 호피족의 연구에 토대를 두고 있다. 예를
들어, 워프는 호피어가 "우주 속의 모든 것이 균등한 비율로 과
거에서 현재를 거쳐 미래로 진전되는, 혹은 다른 말로 하자면 관
찰자가 과거에서 미래로 연속적으로 흘러가고 있는 유연한 흐름
의 연속체와 같은 '시간'에 대한 일반적 개념 내지는 직관을 갖
고 있지 않다는"[15] 것을 관찰했다. 워프는 이러한 '부재'를 호피
족의 언어 구조와 연관시켰다.

호피어는 우리가 '시간'이라고 부르는 것, 아니면 과거, 현재 또는 미래라고 부르는 것, 혹은 지속적이거나 영속적인 것, 혹은 역동적이라기보다는 운동학적인 운동(곧 어떤 과정에서 역동적 노력에 의한 것이 아닌 시간과 공간상에서의 연속적인 물체의 이동)을 직접적으로 가리키는 단어나 문법적 형태, 구조 혹은 표현을 전혀 가지고 있지 않다. 심지어 우리가 '시간'이라고 부르는 존재나 외연의 요소를 배제하는 것과 같은 방식으로 공간을 지칭하는 것도 없으며, 함의에 의해 '시간'을 가리킬 수 있는 나머지도 없다. 그렇다면 호피어는 명시적이건, 함의적이건 간에 '시간'에 대한 지시를 가지고 있지 않는 언어이다.[16]

요컨대, "호피의 언어와 문화는 형이상학을 숨기고 있는 것이다."[17]

사피어-워프 가설은 (비록 1950년대에 돌풍 같은 관심이 있었다 하더라도) 미국 언어학자들 사이에서 의미 있는 연구 프로그램으로 자리잡지 못했다. 자율성 분야의 거장들의 대부분이 행한 언질은 사피어-워프 가설을 회의론으로 보게 이끌었다. 단지 더욱 '인류학적' 관심을 가진 사람들만이 그 가설의 가능성을 탐구하는 데 많은 시간을 쏟았다. 그러나 자율 언어학에 대한 언질이 비교적 약했던, 그리고 마르크스주의에 대한 언질이 상대적으로 강했던 유럽에서는 그 가설이 열광적으로 받아들여졌으며 마르크스주의적 노선을 따라 재해석되었다.[18] 사피어와 워프가 문법 구조를 인간의 세계관을 결정짓는 요소로 본 반면, 유럽인들은 사회계급과 사회 계급에 궁극적으로 기반을 둔 개념들의 기초를 세계관뿐만 아니라 문법구조에서 찾으려고 시도하였다.

현대의 마르크스주의적 언어학자들은 문법의 상부구조적 본질을 제시하기 위해 워프의 전통 아래 씌어진 업적을 인용하고 있다. 그리고 그러한 생각으로 그들이 인용하는 증거는 또한 서구 문화의 연구로부터 도출된다. 사회언어학적 연구가 드러내는 바 대로 다른 사회 계급들에 속한 사람들은 구조적 속성에서 다른 발화 형식들을 갖거나 혹은 다른 언어들을 사용한다.

서독의 마르크스주의적 언어학자 막스 아들러는 다음과 같이 주장한다.

> 언어의 계급 구조에 이르게 되면, 마르크스주의자들은 다음과 같은 사실을 인정할 수밖에 없다…. 노동 계급이 중류 계급이나 상류 계급과는 다르게 말하며 또한 중류 계급과 상류 계급 사이의 말에도 역시 차이가 있다는 증거가 적어도 여러 개 있다…. 우리는 한 가지 눈부신 예만 살펴보면 된다. 수년 동안 미국의 언어학자들은 소위 '흑인 영어'에 대하여 조사해 왔다. 사실 이 언어는 미국의 가난한 흑인들에 의해 제한적으로 사용되고 있다. 미국 흑인이 사회적 신분 상승을 이루어 중류 계급이 되면 그는 곧바로 '흑인' 영어 대신 '미국 영어'라는 교양 있는 언어를 사용한다…. 노동 계급과 중·상류 계급에서 각각 사용하는 말의 차이는 모든 자본주의 사회에서 나타난다. 한 언어의 이런 두 형식들이 서로 얼마나 다른가는 주로 그 특정 사회에서 계급들 간의 적대감이 얼마나 강한가에 달려 있다.[19]

자율주의 언어학을 비판한 아들러와 그의 마르크스주의 동료
들은 계급 방언들이 존재하며 이 방언들이 계급간 적대감과 관
련을 가진다는 사실로부터, 그리고 모든 사회에는 특정한 단어나
표현들이 특정 계급의 구성원들에게 공통적으로 사용된다는 사
실로부터, 또한 문법과 사회 계급 간에 또 다른 상관관계가 있다
는 사실로부터 문법의 상부구조적 본질을 이끌어낸다. 그들의
관점에 의하면, 언어 구조를 근본적으로 자율적인 것으로 보거나
또는 계급을 초월한 것으로 보는 (따라서 사회 분화 문제를 외면하는
언어적 실천을 제안하는) 어떤 이론도 당연히 부르주아 이데올로기
의 산물이다. 이러한 마르크스주의자들은 특히 촘스키를, 사회
계급을 주변적 위치로 격하시킴으로써 지배 계급의 이익에 객관
적으로 종사하는 많은 지식인들 가운데 가장 최근의 인물에 불
과하다고 여긴다.

현대의 많은 마르크스주의적 언어학자들은 또한 자율성 개념
이 '파롤'로부터 '랑그'를 인수 분해해 내고 부수적으로 문법 요
소들의 목록 또는 생성 규칙의 집합으로 '객관화/대상화'한다는
이유에서 자율성 개념에 대해 반박하고 있다. 예를 들어 레이몬
드 윌리엄스는 『마르크스주의와 문학』이라는 저서에서, 언어학
에서의 구조주의적 가설들이 이룩한 "괄목할 만한 결과들"을 인
정하면서도 "언어를 (외부적) 객관적 체계로 보는 개념을 최종적

으로 강화한 것"[20]이라고 하여 구조주의를 내쫓아 버린다. 윌리엄즈가 지적하듯이, 추상적 구조의 '객관화/대상화'는 언어를 역사적 과정과 사회적 과정 밖으로 위치시키는 것이다. 마르크스주의자들이 주목하는 일은

> 첫째로, 가장 구체적이고 실제적이며 연관된 의미에서, 사회적 활동의 중심을 언어로 보는 이러한 [구조주의적] 설명으로부터 … 역사가 실종되었다는 점과, 둘째로 체계에 대한 이러한 설명이 발전되어 온 범주들이 '개인'과 '사회' 간의 추상적 분리와 구분이 너무 관습적이기 때문에 그것들이 '자연스러운' 출발점으로 여겨지는 낯익은 부르주아적 범주들이라는 사실이다.[21]

실버맨과 토로드는 『물질적 단어』라는 책에서 심지어 『마르크스주의와 문학』보다도 한 걸음 더 나아가, '심층 구조'의 개념과 생성문법에서 발견되는 (심층구조와 — 역자) 관련된 추상적 개념이 어떤 초자연적인 초월이라는 관념에 뿌리를 두고 있다고 암시하고 있다.

> [언어와 발화의 구별]은 발화가 보여주는 것이 그것에 생명력을 불어넣는, 보이지도 않고 또 볼 수도 없는 요소라는 점을 함의하고 있다. 신(*God*), 심층구조(구조주의, 촘스키), 존재(*Being*), 또는 대문자로 쓰인 언어 Language(하이데거의 용어)로 형식화되든 간에 이러한 초월적인 실체들은 발화를 순전히 기술적技術的인 도구로 다루고자 한 사람들이 그것들에게 부여하기를 거부했던 사항을

부여받았다. 발화와 언어의 관계를 인간과 신들의 관계로 인식하기 때문에 가장 중요한 목표는 인간처럼 행세함으로써 신들을 노하게 하는 것을 피하도록 하는 것이었다.[22]

언어에 대한 근대 마르크스주의자들의 이러한 지향성을 고려할 때, 어떤 나라에서든 생성문법의 성공이 그곳의 마르크스주의 학파의 전통의 깊이와 반비례해 왔다는 사실은 놀라운 일이 결코 아니다. 예를 들어 마르크스주의 전통이 매우 강했던 서독에서는 생성문법이 거의 존재하지 않는다.

그러나 마르크스주의 언어학의 모험심, 그리고 그것과 자율성과의 갈등을 가장 극적으로 보여주는 것은 바로 소련이다. 1920년대 후반, '마르크스주의 언어학'의 깃발이 소련에서, 카프카스 언어들을 연구한 스코틀랜드계 그루지야 학자 마르[*]에 의해 올려졌다. 1934년 마르가 사망할 무렵, 그의 생각은 이미 소련의 언어학계를 지배하고 있었는데, 이런 마르의 생각이 갖는 위치는 1950년 스탈린의 직접 개입이 있을 때까지 계속되었다.[23]

마르의 충분히 발전된 이론인 '발달 단계설*stadialism*'은 경제 혁명(마르크스주의적 의미에서)이 언어적 혁명을 낳는다고 주장했다. 환언하자면 언어는 가능한 한 가장 기계적인 의미에서 상부 구조적인 것으로 인식된다. 곧 문자 그대로 '봉건주의 언어', '자본주의 언어', '사회주의 언어' 등등이 있다는 것이다. 더구나 언

Marr, Nikolaj Jako-vlevič(1865~1934). 러시아의 언어학자 · 고고학자 · 민족지학자民族誌學者. 1924년에는 모든 언어가 하나의 원형어에서 발전해 나왔다는 언어의 일원 기원설, 그리고 언어마다 상이한 발전 단계가 있음을 주장했다. —역자

어의 모든 인식 가능한 양상은 가장 세밀한 음성적 세부항목에 이르기까지 상부구조적 현상이다.

각 사회는 그들의 발달 단계에 따라 다르기 때문에 언어 또한 달라야 한다고 귀결된다. 마르는 굴절 어미의 복잡성과 같은 형태론적인 특성들로 언어의 단계를 식별하려고 시도했다. 그는 중국어와 같이 형태론적으로 좀더 원시적인 언어들이 인도-유럽 언어들이나 셈 언어들과 같이 형태론적으로 더 복잡한 언어들보다 더 초기의 발전 단계라고 했다. 더 나아가 마르는 각 언어적 단계를 사회적 발달 단계와 상호 관련지으려 시도했다―그러나 이는 쉬운 작업이 아니었다. '최상위의' 언어 단계에 에티오피아 부족민의 언어와 '사회주의' 사회의 언어인 러시아어가 동시에 포함된다는 사실이 밝혀졌기 때문이다. 자연스럽게, 모든 언어들이 계급 언어라는 생각은 '국가' 언어와 같은 것이 존재할 수 없다는 생각을 동반해야 했다. 실제로 마르는 전형적인 프랑스 노동자의 말이 프랑스 자본주의자들의 말보다 오히려 전형적인 독일 노동자들의 말과 더 많은 공통점을 가지고 있다고 주장하는 데까지 나아갔다.

이런 기묘한 생각에도 불구하고 그의 견해에 반대하는 어떤 언어학도 1950년까지 소련에서 받아들여지지 않았다. 모든 종류의 구조주의는 공식적으로 금지되었다. 1949년까지만 해도 소련

학술원의 최고 회의 간부회는 그의 이론들을 뒷받침하면서, 비교 언어학과 형식 언어학에 '부르주아적인', '반동적인', '인종주의적인' 그리고 "제국주의적인 외교 정책을 정당화하는"과 같은 꼬리표를 달았다.[24]

그러나 바로 그 때 폭풍의 전조가 보였다. 소련의 이데올로기가 지령했던 것이 무엇이든지 간에 소련의 언어학자들은 마르의 개념을 실행에 옮길 수가 없었다. 1949년 모임에서의 한 관찰자는 다음과 같이 언급했다. "언어학 분야가 이번 회기의 작업에서 전반적으로 만족스럽지 못한 상황이 노출됐다." 그는 계속해서 다음과 같이 덧붙였다. "마르 언어·사상 연구소는 마르의 가르침에 대한 기본적인 질문들에 해결의 실마리를 제공할 만한 단 하나의 보고서도 제출하지 못했다." 사실 러시아어 분야의 어떤 언어학자도 그 회기의 작업에 참여하지 않았다.[25]

불만을 품은 언어학자들은 합리적인 연구를 수행할 수 없는 자신들의 무능력에 실망하고 소비에트 언어학에 퍼부어지는 국제적인 조롱에 당황하여 그 나라의 가장 높은 곳에서 도움을 구했다 — 스탈린을 찾아간 것이었다. 그리고 스탈린을 그들을 대신해서 자신이 직접 그 일에 개입했다. 1950년 5월 9일자 프라우다 신문은 "소비에트 언어학의 불만족스러운 상태"에 대해 언급하면서 언어학적 문제들에 관한 '공개 토론'을 시작했다.[26] 다음

6주에 걸쳐 친마르적 경향과 반마르적 경향의 소논문들 14편이 게재되었다. 6월 20일 스탈린은 마르적 접근방식에 철저하게 적대적인 원고를 기고하였고, 다음 2주 동안 스탈린이 쓴 몇 편을 포함하여 총 16편의 새로운 원고가 뒤를 이었는데, 모두 스탈린의 입장을 지지하는 내용이었다. 한 기고자는 이제 그 문제는 "스탈린의 현명한 방법으로"[27] 해결이 되었다고 했고, 어떤 이는 "소비에트 언어학 역사의 새로운 시대"[28]가 열렸다고 언급했으며, 또 다른 이는 스탈린의 기고를 "찬양받을 만한 일"이라고 환영하면서 "미래의 연구에서 나의 실수를 정직하게 수정할 것"[29]을 약속하기도 했다. 7월 4일, 그 논쟁의 공식적인 막이 내려졌다. 소비에트 언어학에서 마르주의의 시대는 끝이 난 것이다.

스탈린이 취했던 행동은 문법의 자율성을 옹호해 준 것과 마찬가지였다. 그의 말들 가운데 서방 언어학계를 놀라게 할 만한 것은 거의 없었지만, 그러한 의견이 러시아에서 공식적으로 표현된 것은 1920년대 이후로 처음 있는 일이었다.

> 문법은 인간 사고의 추상 작용이 연장되어 생기는 산물이며, 이는 사고의 엄청난 업적에 대한 척도이다…. 이런 점에서 문법은 기하학과 유사하다. 기하학은 구체적인 대상들로부터 추상화하는 과정에 의해 그것의 법칙을 만들어내는데, 대상을 어떤 구체성도 가지지 않는 물체로 간주하며 또한 대상들 간의 관계를

구체적 대상들의 구체적 관계로서가 아니라 구체성을 띠지 않는 물체들의 관계로서 일반적으로 규정한다.[30]

만약 문법이 두뇌에서 추상적인 기하학과 같은 것이라면, 문법은 상부구조적인 현상이 될 수 없다. 그리고 스탈린은 문법이 상부구조적 현상이 아니라는 많은 논증을 제시했다. 예를 들어 러시아 혁명은 러시아 사회의 정치적·법적 제도들을 완전히 바꿔 놓았지만 "러시아어는 본질적으로 혁명 이전의 상태로 남아 있다."[31] 단지 어휘의 주변적인 영역들만이 변화를 겪었을 뿐이다.

그런데 스탈린이 개입하게 된 참된 동기는 과연 무엇일까? 인생의 말기에 중요치 않은 학문의 특수성에 개인적인 관심을 가지게 되었다거나, 또는 서방학자의 눈에 비친 소비에트 언어학의 상태가 그에게 진지한 관심을 불러일으켰다고 보기는 매우 어렵다. 마르의 견해가 붕괴될 수밖에 없도록 한 것은 그 견해가 反국가주의적인 사상이었다는 데 있었다. 1940년대에 소련은 초국가주의적인 행보를 걷기 시작했다. 제2차세계대전은 러시아 조국을 방어하기 위한 "위대한 애국주의 전쟁"이라고 명명되었다. 애국심을 부추기는 노래와 구호들이 다시 도입되었다. 그리고 전쟁 후 참혹한 피해를 입은 주민들에게 사회주의의 미사여구가 가능한 한 철저히 경시되는 가운데, 조국을 재건하자는 민족주의적인 말로 선동하였다. 이 시기에 소비에트 학자들은 국가 문화를 재건하고 러시아어의 위대함과 풍부함, 그리고 아름다움을 재발견하는 일에 참여했으며, 이는 대다수 소비에트 인민들을 통합시키는 데 기여할 수 있는 힘이 되었다.

스탈린이 부족하다고 보았던 최후의 것은 러시아어의 중요성을 경시하는 언어 이론이었다. 마르의 생각이 선호도를 잃은 이유는 그가 문법을 상부구조적이라고 믿었다는 데 있는 것이 아니라 민족 언어의 가능성을 마르가 부인한 것이 러시아어의 우월성을 더욱 강조하려 했던 스탈린의 직접적인 목표와 상충되었기 때문이었다.[32]

마르주의의 몰락 이후 소비에트 언어학의 지향성 변화는 우리가 생각하는 것처럼 극적인 것은 아니었다. 사실, 언어학과 관련된 여러 조직들의 책임자들은 마르에 반대하여 스탈린의 도움을 구했던 이들로 대체되었지만 구조주의 언어학의 거대한 격류가 터져나온 것은 아니었다. 그 즉각적인 결과는 전통적인 비교언어학에 바탕을 둔 연구가 상당량 수행된 것이었는데, 비교언어학은 이제 '마르크스주의적'이라는 꼬리표를 달게 되었다. 엥겔스가 그의 저서 『反뒤링論』*에서 비교언어학자들인 보프, 그림, 디에츠Dietz의 연구에 관해 우호적으로 논평했을 뿐만 아니라, 자기

* Anti-Dühring

자신을 아마추어 비교언어학자라고 여기기까지 했다는 사실이 (재)발견되었다. 마르주의에 대한 논쟁에서 더욱 중요한 사실은 엥겔스가 음운 변화와 사회의 경제적 토대의 변화가 연결될 가능성을 완전히 배제하고 다음과 같이 썼다는 점이다. "[방언 문제에 있어서] 독일을 둘로 나누는 고지高地 독일어의 모음 변화의 기원을 경제적인 기원으로 설명하는 것은… 웃음거리가 되지 않는 한 불가능할 것이다." 실제로 마르의 이론에 반대하는 이들은, 엥겔스와 마르크스가 『독일 이데올로기』에서 행한 진술에도 불구하고 엥겔스가 나중에는 언어를 상부구조적 현상이 아니라 생산의 수단(즉, 도구)으로 간주하게 되었다는 사실을 지적했다. 또한 그들은 모든 언어가 '공통적으로' 가지는 "법칙과 범주"를 언급함으로써 자율 언어학을 은연중에 인정하는 것처럼 보이는 한 단락을 마르크스의 「정치 경제학 비판 입문」에서 찾아 인용했다.[33]

구조주의 언어학은 소련에서 1950년대 후반에 가서야 진전을 보기 시작하였는데, 대개 기계 번역의 수요에 따른 것이었다. 구조주의에 대한 초기의 대부분의 옹호들은 자동적인 언어-데이터 처리의 필수 선결 요건으로서 언어를 형식적으로 기술할 필요성을 지적하였다. 그러나 구조적 접근에 대한 반론이 언어와 언어학 프로그램을 여전히 장악하고 있었다. 1970년대 전반全般에 걸쳐 비교언어학자들과 전통적인 부류의 기술언어학자들, 그리고 잔존하던 마르주의 학자들 간의 느슨한 연대가 그들의 힘을 다시 강화시켰다. 그리고 그들은 성공을 거두었다. 두 명의 주도적인 소비에트 구조주의자들인 멜축과 사우만은 그들에 대한 전문적인 반대자들에 대항하여 승산 없는 싸움을 벌이기보다는 북미로 이민가는 것이 더 현명할 수 있다고 판단했다. 그 마지막 바람은 1983년, 모스크바 대학의 구조주의 및 응용 언어학과 학장이었던 즈베진체프의 퇴임과 함께 불어닥쳤다. 당국자들은 이 기회를, 상당한 양의 구조주의 이론화가 이루어진 그 학과를 폐쇄하고 좀더 전통을 지향하는 일반언어학과로 통합하는 데 활용하였다. 소련에서는 컴퓨터 산업을 제외하고는 문법에 대한 형식적인 접근법으로 이루어진 업적들이 거의 없는데, 물론 이 컴퓨터 산업도 고등 교육 체계의 일부는 아니다.

미국의 상황은 물론 정반대였다. 미국은 자율성에 "전통적인" 강조를 두어 왔으며, 유일하게 의미심장하게 진행 중인 마르크스주의 언어 연구는 문체론과 담화 분석 분야에서였는데, 이 연구는 언어학과보다는 문예학과에 한정되어 진행되고 있다. 비록 마르크스주의 비평의 충격이 미국의 언어학자들에게 주어지기는 했지만 마르크스주의적 전제들을 문법 연구에 적용하려는 움직임은 전혀 없었다. 실제로 그러한 모든 연구들은 마르크스주의자들에게만 한정되어 북미 밖에서 여전히 진행되고 있다.

그렇다고 미국에서 자율성에 대해 사회학적인 지향성으로 반론을 펼치는 세력이 없다는 것은 아니다. 오히려 정반대이다. 그러나 그러한 반론은 다른 형태를 띠고 있다. 미국의 많은 사회언어학자들은 자율 언어학의 내용보다는 자율 언어학이 강조하는 점 때문에 자율 언어학을 비난한다. (이것은 실질적으로 이들이 생성 문법을 비난한다는 것을 의미한다.) 말하자면 그들은 '윤리적' 배경에 대해 반박하고 있는 것이다. 그들이 원칙적으로는 생성주의적 개념, 곧 자율적으로 기능하는 심리적 문법의 개념을 수용할 수 있을지도 모르지만, 그런 문법을 구축하기 위해 시간을 쏟아붓는 것은 곧 자신의 정치적·윤리적 책임들을 저버리는 것이라고 생각한다. 벨기에에서 일어난 폭동들에서부터 미국 공립학교의 소수 인종 학생들의 잘못된 행실에 이르기까지 수많은 사회문제들이 언어의 차이에 기인하는 것이라고 주장하는 사람들은, 사회적 양심을 가진 사람이라면 어떻게 추상적인 — 그리고 추상화된 — 문법 규칙들을 만드는 데 시간을 낭비할 수 있겠느냐고 반문한다. 오히려 그보다 우선해야 할 일은 전문적 지식을 그것으로부터 가장 많은 이익을 획득할 수 있는 사람들의 처분에 맡겨야 한다는 것이다.

언어학자 델 하임즈는 도덕적 비평가들 가운데 가장 분명하게 의견을 개진한 사람이었다. 하임즈는 촘스키 이론의 본질적 요소에 대해 원칙적으로 반론을 제기하지 않았다. 사실 그는 열렬한 어조로 그것을 뒷받침했다. "설명적 타당성이라는 촘스키의 유형은 발화로부터 그리고 언어들로부터 벗어나, 아마도 모든 언어에 보편적인, 그리고 아마도 인간 본성에 본유적인 관계들로 이끌어 준다. 이것은 흥미롭고 가치있는 기대이다."[34] 하임즈에 의하면, 문제는 촘스키의 이론이 잘못되었다는 데 있는 것이 아니라 촘스키가 잘못된 이론을 제안하고 있다는 것이다. 정작 촘스키가 제안해야 할 것은 사회언어학이다. 왜냐하면 모든 언어학자들 가운데 촘스키야말로 "언어의 사회적 실체들"[35]이라는 언어적 차원을 가장 잘 분석해 낼 수 있는 사람이기 때문이다. 따라서 자신의 연구를 자율 문법 이론의 정교화에 한정시키고 있는 것은 사회적 해악을 끼치고 있는 것이라 할 수 있다.

만약 촘스키와 그의 지지자들이 우익적인 정치적 견해를 가지고 있거나, 아예 정치에 무관심했더라면 그들이 "언어의 사회적 실체들"에 대한 관심이 부족한 것에 대해 하임즈가 이해할 수 있을지도 모른다. 그러나 하임즈를 특히 혼란스럽게 한 것은 언어학을 제외한 모든 점에서 그들이 자신과 정치적 견해를 공유하고 있다는 점이었다. "형식 언어학에 관여한 많은 이들은 자유주의적이거나 급진적인 사회적 관점을 가지고 있다. 그러나 그들이 위탁하고 있는 방법론 때문에 그들은 그들의 관심 대상인 공동체의 문제들 가운데 한 부분인 언어적 문제를 다루지 못하고 있다."[36]

하임즈의 비판은 사회언어학 공동체의 도처로부터 메아리쳐 왔다. 그리하여 언어 구조보다는 언어 사용 문제들에 전념했던 한 잡지의 발간인인 하버랜드와 메이는 언어학을 정치로부터 분리시키는 언어학의 모순점과 부적절성을 다음과 같이 주장하였다.

> 많은 언어학자들은 그들이 군사 정보 체계나 심리전, 반폭동 전략 등의 구축 등에 이용될 수 있는 학문으로써 생계를 유지해야만 한다는 점을 심히 유감스럽게 생각한다. 자신들의 책을 "베트남 어린이들"에게 바치거나 또는 예문들에 몇 개의 반제국주의적 문장들을 만들어 내기도 한다. 그러나 그런 행위가 큰 도움이 되지는 않는다. 즉 일상적으로는 철저히 언어학적인 일을 하면서도 '해방적인' 것처럼 위장한 언어학은 우리가 가치 있는 화용론이라 여기는 것들에 거의 기여를 하지 않고 있다.[37]

언어에 관한 페미니스트 저술가들도 유사한 이유에서 이 공격에 가담했다. 촘스키의 이론적인 지향성은 여성에 대한 억압 문제와 무관하고 또 이 문제에 무감각한 것처럼 보이며 페미니스트 운동과 상충되는 것처럼 보인다. "왜냐하면 무엇보다도 페미니즘은 문법을 기술함에 있어서, 그리고 이런 문법에 대해 화자가 이해하고 있는 것을 설명함에 있어서 문화적으로 제안하는 데 반해 언어학은 개별적으로 제안하기 때문이다."[38]

　모든 인간이 공유하는 본유적인 보편 문법에 대한 촘스키의 견해에 정치적으로 진보적인 무엇인가가 있을지도 모른다는 생각은 근거가 없다. "인종분리정책을 주장하는 어떤 이론가도 아프리카 어린이들이 힘들이지 않고 코사어* ─ 또는 아프리칸스어** 를 습득할 수 있다는 사실을 상기하는 것으로 기세가 꺾이지는 않을 것이다."[39] 이런 언급이 함축하는 바는 분명하다. 말할 때마다 정치를 거론하는 언어학자들은 생성문법을 포기하고 사회적 맥락에서 언어를 다루어야 할 것이라는 것이다.

　사회 속의 언어에 대한 학문적 연구는 전후戰後 미국에서 시작되어 60~70년대의 자유주의적 분위기에 힘입어 높은 위치에 다다랐다. 그 관심 대상은 언제나 국내외 사회의 상황 전개와 밀접하게 연결되었다. 예를 들면, 60년대 미국 흑인 운동은 당시 도시 거주 소수인종, 특히 빈민가에 거주하는 흑인의 말에 대한 연구 조사가 급격히 증가한 것과 일치했다. 흑인 언어 연구는 그 언어의 문법적 속성들에 대한 세밀한 기술적記述的 분석에서부터 그 언어의 사용이 흑인 학생들의 교육 수준에 미치는 영향에 이르기까지 다양하게 전개되었다.

　또 다른 예를 들자면, 국가 언어정책 분야가 제3세계의 신생 독립 국가가 직면한 문제들에 대해 응답하기 위해 생겨났다. 그

* Xhosa. 남아프리카 공화국, 특히 케이프 주 동부에서 사용하는 반투어. ─역자

** Africaans. 1806년 영국인이 점령하기 전 아프리카 남부에 정착한 네덜란드·독일·프랑스의 식민지 개척자 후손들이 17세기의 네덜란드어를 바탕으로 만든 언어로서 '남아프리카 네덜란드어(South African Dutch language)'라고도 한다. 1925년부터 이 언어는 영어와 함께 남아프리카 공화국의 공용어로 사용되었다. ─역자

들 국가 가운데 사실 전부가 여러 언어 사용국가라는 점에서, 어떤 언어가 공식어가 되어야 할 것인지, 또 지역 언어들에는 어떤 역할을 주어야 하는지, 어떤 언어로 교육을 시행해야 하는지 등에 대한 결정들을 하기 위해 실제적으로 밤을 지새워야 했다. 현존하는 언어 상황을 연구하고 어떤 경우에는 정부 자체의 지령에 따라 해결책을 제시하는 것이 바로 국가 언어정책 입안자의 과제였다. 국가 언어정책의 저술은 이제 매우 방대해서 파푸아 뉴기니에서 노르웨이에 이르는 모든 상황을 다루었으며, 인도네시아에서와 같은 성공 사례들과 인도에서와 같은 실패 사례들을 분석하였다.

여성 운동에 대한 관심도 또한 학문적 사회언어학에 의해 생겨났다. 지난 15년 동안 수많은 단편 논문과 저서들이 여성의 위상이 언어의 속성들에 의해 어떻게 반영되는지(그리고 강화되는지), 그리고 여성의 말과 남성의 말이 어떻게 다른지를 고찰하였다.

사회언어학에는 이밖에도 많은 하위 분야가 있는데, 이에는 말하기에 대한 민족지학, 그리고 이중언어학과 방언학 등이 포함된다. 미국의 유명한 사회언어학 잡지인 『사회 속의 언어』(1982년 12월호)의 최근 발행물의 내용은 이 분야의 광범위한 영역에 대한 정보를 제공하고 있다. 주제들은 (오스트리아) 빈의 독일어 발화에서 사회적 변이를 연구하기 위한 방법들과 흑인 청소년

범죄 집단의 조직 구조 및 동료 간 용어에 대한 연구, 교외에 거주하는 뉴요커들이 특정 종류의 곤충(곧 '잠자리' — 역자)을 지칭하는 데 'dragonfly', 'darning needle' 또는 'diamond needle' 가운데 어떤 표현을 사용하는가를 결정짓는 사회적·지리적 요인들에 대한 조사, 그리고 피진어와 크레올어에 대한 근대적 연구들의 기초가 되는 업적을 남긴 20세기 초 언어학자 슈카르트의 개략적인 일대기 등을 포함하고 있다.●

　1960년대 중반에 사회언어학이 괄목할 정도로 폭발적인 증가를 보인 것은 부분적으로 학문적인 연구 프로젝트에 대한 연방 정부의 지원이 증가했기 때문이라는 것은 틀림없는 사실이다. 특히 이 프로젝트는 "소외된" 주민 계층에 초점이 맞춰진 것들이었다. 사회언어학은 이러한 기금의 할당몫 이상을 받았는데, 그 기금의 대부분은 보건교육후생성(HEW)의 기관들로부터 나온 것이었다. 사실상 공공 기록들을 조사해 보면 보건교육후생성 기금이 1960년 후반부터 1970년대 전반에 걸쳐 생성문법보다는 사회언어학에 훨씬 더 많이 지원되었다는 것을 알 수 있다. 일반인들이 생각하기에 주로 첨단기술 개발계획과 연관되어 있다고 생각되는 국립과학재단(독립적인 정부기관의 하나)조차도 생성문법보다는 사회언어학에 더 많은 지원금을 할당했다. 또한 개인 기부 기관들 —특히 포드 재단— 은 사회언어학 연구에 지원을 아끼

●피진어와 크레올어는 한 언어가 다른 언어와 접촉한 결과로 생긴 언어들로서, 대개 식민 세력의 언어와 토착어 간의 접촉에 의해 생긴 언어들이다. 이들 언어에 대한 연구는 사회언어학의 큰 관심거리이다.

지 않았다. 최근에는 누구나 예측하듯이, 이러한 연구들이 기부 기관으로부터 받고 있는 지원금의 절대액이 감소되어 왔지만, 단지 음성학, 심리언어학과 신경언어학의 실험 연구의 기금에 의해서만 추월받을 뿐,* 사회언어학에 대한 정부와 기금 단체에 의한 지원의 상대적인 수준은 계속 높은 상태를 유지하고 있다.

자율 언어학에 대한 사회언어학자들의 비판이 성공했는지 여부를 평가할 만한 '정확한' 방도는 없지만, 내 느낌으로는 이 비판이 실제로 매우 효과적이었던 것으로 보인다. 의심할 여지도 없이, 사회언어학자들의 도덕적 호소는 1970년대에 생성문법이 쇠퇴하는 데에 상당한 역할을 했다. 실제로, 지난 5, 6년간 생성문법에 대한 관심이 서서히 재부상한 것은 미국의 사회적 양심이 무디어진 것과 어느 정도 미약하나마 연관되어 있다.

전화와 컴퓨터 산업 모두 생성문법학의 연구를 후원해 왔다. 실험음성학은 언어학의 다른 어떤 분야보다 즉각적으로 응용할 수 있는 결과를 산출했는데, 말하는 금전 등록기와 비디오 게임에 사용되는 발화 합성 장치가 그 예이다. 심리언어학 및 신경언어학 연구는 부분적으로 발화와 학습 장애를 다루는 데 적용될 가능성 때문에 지원되고 있다.

언어학과 정치

The Politics of Linguistics

6. 자율성 논쟁에 대한 몇 생각

언어학과 정치

The Politics of Linguistics

지금까지 살펴보았듯이 자율적 지향성의 가치를 둘러싼 논쟁은 오랫동안 그리고 신랄하게 이루어져 왔지만, 해결의 기미가 보이지 않는다. 한편으로 인문주의적 지식인들은 자율적 지향성이 미학적 규범의 체계를 구현하는 데 실패한 점에 대해 반박하고 있다. 다른 한편으로 마르크스주의자들은 "학문적 중립성"이라는 의기양양한 주장이 현상 유지를 은연중에 지지하기 위한 위장에 불과한 것으로 보는 한편, 도덕주의적 사회언어학자들은 현대의 중요한 사회적 관심사에 대한 무관심에 대해 개탄한다. 이러한 의견 균열은 북미에서의 전문가 그룹 도처에서 명백히 드러난다. 자율 언어학자들은 인문주의적 지향성을 배제하는 데 성공했으며, 매우 소수의 학과와 잡지만이 자율 언어학과 사회언어학에 동등한 표현을 승인하고 있다.

자율성이 이처럼 격렬한 논쟁을 유발시킨 이유로 세 가지를 들 수 있다. 첫째, 자율 언어학이라는 개념 자체가 매우 위협적이다. 언어 또는 언어의 어떤 중요한 부분이 고립될 수 있으며 자율적 구조 체계로 구체화될 수 있다는 생각은 언어를 우리의 가장 본질적인 소유―그것을 통해서 인간성이 명백히 나타나는 매체―로 간주하는 인문주의자들에게 심각한 도전을 제기하는 것이다. 그리고 언어의 핵심이 사회적 요인에 영향을 받지 않는 '랑그' 또는 언어능력에 놓여 있다는 생각은 언어를 모든 사회화 경험의 매체로 간주하는 견해에 빠져 있는 이들에게도 마찬가지로 혼란을 야기하는 것이다.

더욱이 많은 생성문법학자들―특히 촘스키―이 다른 지향성들에 대해 취해온 배타적 자세는 그러한 갈등을 더욱 강렬하게 만들 뿐이었다. 촘스키는 그의 방식대로 언어학을 연구하지 않는 것은 전혀 언어학을 연구하는 것이 아니라는 인상을 계속해서 주어 왔다. 예를 들어 그의 저서 대대수가 언어학은 "인지 심리학의 한 분야"라는 진술로 시작하고 있다.[1] 이러한 정의를 고려한다면, 사회언어학이 언어학의 부분이 될 가능성은 전혀 없게 된다. 촘스키의 '언어수행'에 대한 이해도 마찬가지로 절대적이다. '언어수행'을 "구체적 상황에서의 언어의 실제적 사용"[2]이라고 정의한 후 촘스키는 "음성학을 제외한다면 언어수행의 연구들은 단지 … 생성문법에서 행한 작업의 부산물로 수행되는 것들"[3]이라고 쓰고 있다. 이러한 주장에 대한 델 하임즈의 다음과 같은 반응은 사회과학적 반대와 인문과학적 반대를 표현하고 있다.

> 그러나, 만약 (음성학을 제외하고) 생성문법의 부산물만이 언어수행의 연구로서의 자격이 주어진다면, 이천 년 이상 된 수사학과 시학에 대해서, 그리고 사회적 상호작용과 문화적 행위에 나타나는 언어 사용에 대한 탐구에 대해서 말해질 수 있는 것이 도대체 무엇이겠는가? 만약 이러한 탐구들이 언어수행이 아니라면, 언어수행과 언어의 사용을 동일시하는 것은 말하기의 대부분의 양상들을 배제할 정도로 '사용'의 개념을 축소하는 것이다. 만약 이러한 탐구들이 언어수행의 내용을 다룬다면, '연구'라는 용어는 생성문법의 부산물로서 생겨나는 바로 그러한 탐구들에만 기묘하게 국한되고 말 것이다.[4]

마지막으로, 자율 언어학은 그것 자체만을 유일한 과학적 접근법이라고 간주하기 때문에 논쟁을 불러일으킨다. 생성문법은 경험론적 구조주의보다도 훨씬 더 과학적 타당성이 있다고 주장함으로써, 그리고 이전에는 자연과학에 유효했던 측면에 대해서도 권리를 주장함으로써 그러한 갈등을 한층 더 악화시켜 왔다.

생성문법은 복잡하고 추상적이며 순전히 과학적인 원리를 구현하는 인간 영역을 지배하는 이론으로 진지하게 받아들여지기를 요구한다. 그러나 인문과학과 사회과학이 본질적으로 과학적 방법에 적합하지 않다고 믿는 많은 이들에게는 자율성, 특히 생성문법적 이론이 옳을 수 있는 가능성은 거의 없는 것으로 보인다.

이제 언어학의 분야는 너무 다극화되어 있어서 그것을 다르게 상상하는 것이 어려울 정도이다. 그러나 생성문법의 많은 실천자들이 채택하는 배타적 입장을 수용하지 않고서도 생성문법이 내세우는 원리들의 본질적인 가치를 믿는 것이 가능하다.

사실, 인문주의적 언어학자들은 생성문법에 의해 위협을 받는다고 느낄 이유가 거의 없다. 두 접근법은 언어의 완전히 다른 양상을 다루고 있다. 문법적 능력에 대한 생성주의적 모델은 문장 형성에 유효한 구조들을 특징짓는 것이며 보편적인 것과 개별적인 것을 명시하려고 시도하는 것이다. 그러나 그것은 말하기 행위를 수행함에 있어서 그러한 구조들 가운데 어떤 것이 실제로 사용되는지에 대해서는 어떤 주장을 전혀 하지 않으며, 그러한 발화 행위가 가질지도 모르는 미학적 인상에 대해서 어떤 언급도 하지 않는다. 생성주의자들이 그런 문제에 대한 판단을 유보할 자격이 없는 것은 결정학자[*]들이 다이아몬드 티아라[**]를 고안(또는 감정)하는 자격이 없는 것과 마찬가지이다.

[*] 結晶學者, crystallographer. 결정의 형태 성질, 생성 및 구조 따위를 연구하는 학문. —역자
[**] tiara. 교황이 쓰거나 교황 앞에 운반되는 교황관. —역자

다른 비유를 든다면, 인간의 마음이 눈과 귀가 상호 작용하여 어떻게 시각적 공간 또는 청각적 공간에 구조를 부여하는가 하는 문제에 전념하는 인지 심리학의 분과들이 있다. 그러나 아무도 그러한 탐구의 분야들이 우리가 보거나 듣기를 선택하는 것이 무엇인가를, 그렇게 함으로써 받을 수 있는 미학적 감각이 무엇인가를 설명하리라고 기대하지 않는다. 비슷하게, 생성주의자들이 창조적 언어의 미학을 이해하는 데 크게 기여할 수 있으리라고, 또는 시학을 연구하는 이들이 언어능력을 구성하는 구조적 관계에 대해 말할 수 있으리라고 기대하는 것은 이유가 없는 듯이 보인다.

그러나, 형식 문법과 시학의 관심사들을 모두 '언어적'이라고 부르지 않을 이유는 없다. 인문과학적 언어학과 자율 언어학은 각각 그들 자신의 변별적인 탐구, 방법론, 그리고 목표를 가지는 것이며 그들 각각은 자신의 특별한 방식으로 언어의 전체성을 이해하는 데 기여하는 것이다. 언어학의 분야는 확실히 두 지향성을 모두 포괄할 만큼 충분한 공간을 가진다.

같은 설명이 자율 언어학과 사회과학적 시각 간의 갈등에도 적용될 수 있다. 생성주의자들은 언어의 형식을 연구하지, 내용을 연구하지 않는다. 우리가 특정 시간과 공간에서 말하도록 선택하는 것을 결정하는 물질적 조건은 생성주의 이론의 영역 밖에 있는 것이다. 생성주의자들은 우리가 문장을 산출할 때 우리에게 내재화된 문법 능력을 사용하는 것이라고 믿는다. 반면, '메시지'가 실제적으로 선택되는 것은 문법학자가 아니라 사회심리학자들이 탐구할 사안인 것이다.

그러나 사회학적 지향성을 공유하는 많은 이들은 언어의 형식과 내용을 분리할 수 있다는 생각에 반대한다. 우리가 살펴보아 왔듯이, 예를 들어 마르크스주의 언어학의 지배적 경향은 문법 형식에 대한 연구를 생성문법론자들에게 맡기는 것을 완강하게 반대한다. 많은 마르크스주의자들은 심지어 언어의 문법적 양상도 상부구조적인 것이므로, 언어 형식만을 고립시켜 연구하는 것은 철저히 오도된 것이라 보고 있다.

그러나 문법이 상부구조 밖에 놓여 있다는 강력한 증거가 있다. 만약 그것이 상부구조적 현상이라고 한다면 우리가 무엇을 예상할 수 있는지 적확하게 생각해 보기로 하자. 하나는 특정 사회에서의 사회적 구분이 구조적 속성에서 상이한 발화 형태에 의해 반영되리라고 예상할 수 있을 것이다. 그리고 실제로 우리가 앞 장에서 보았듯이 그러한 반영이 존재하기는 한다. 문법적 상이성相異性은 계급적 상이성과 상관한다는 것이다.

그러나 우리는 심지어 이보다 더한 것을 예상할 수 있다. 곧 우리는 문법과 계급 간에 존재하는 상관관계가 무엇이든지 간에 그것이 우연한 것이 아니라고 예상할 수 있을 것이다. 그러나 그러한 상관관계는 우연한 것이다. 비교의 목적상, 상부구조적인 것이라고 의심할 여지가 없는 두 현상, 곧 한 사회의 지배 이데올로기와 그 사회에 널리 보급된 종교적 믿음을 살펴보기로 하자. 이 둘은 모두 생산 관계에 본질적인 (비록 명백히 기계적은 아니더라도) 방법으로 연결되어 있다. 예를 들어 적자생존의 이데올로기, 또는 개인주의적 프로테스탄트의 종교 윤리가 봉건 사회에서 주도권을 쥘 수 있으리라는 것은 생각할 수 없는 일이다. 다른 한편, 우리가 문법 구조를 바라볼 때 매우 다른 모습이 나타난다. 다른 유형의 문법적 구조를 다른 유형의 사회적 구조에 대응시키는 것은 무엇이든지 간에 어떤 일반적인 상관적 경향도 드러내지 않는다. 어떤 문법 속성이 어떤 사회 계급의 구성원의 발화에서, 그리고 어떤 알려진 인간 역사의 단계에서 발견될 수 없다. 이처럼 문법 구조는 마르크스적 의미에서 '비역사적' 현상인 것이다.

몇 가지 예들이 이러한 (아마도 놀랄 만한) 주장을 지지하는 데 유용할 수 있다. *I don't know nothing about nobody* 의 문장에 나오는 영어의 부정 호응(일반적으로 '이중 부정')을 예로 들어보자. 부정 호응은 거의 노동 계급에서 배타적으로 사용되는 것으로 국한되어 있다. 중간 계급과 상류 계급의 발화에서는 *I don't know anything about anybody* 와 같이 한 문장에 단 하나의 부정 요소만 가능하다. 부정 호응이 없는 방언은 '표준어'로 간주된다. 그것은 학교에서 가르쳐지며 방송 매체에서 사용된다. 명백히 그것은 힘과 우월권을 가진 영어 화자의 방언이다. 그렇다면 부정 호응에 대한 이러한 계급-유관적 사실들이 문법이 상부구조의 일부분이라는 생각을 지지하는가? 전혀 그렇지 않다. 이는 비교적 기본적인 이유 때문이다. 노동자에게는 부정 호응을 선호하게 하고 자본가에게는 그것을 피하게 이끄는 어떤 것도 노동 계급의 삶에 내재되어 있지 않다. 그 상관관계는 역사적 우연이며, 그만큼 마르크스주의 이론은 그것에 대해 말할 것이 아무것도 없다. 만약 그 상관이 우연적이 아니라면, 우리는 부정 호응이 세계의 프롤레타리아 사이에서 불균형적으로 나타나는 것을 예상할 수 있을 것이다. 그러나 이 상관관계는 단지 영어 사용 집단에만 존재할 뿐이다. 모든 계급의 스페인 화자들은 부정 호응을 갖는다. 이 문법 현상에 관한 한, 카를로스 스페인 국왕은 레이건 대통령보다는 서부 버지니아의 석탄 광부와 더 공통적이다.

많은 다른 예들이 같은 사실을 입증하고 있다. 뉴욕 시에서는 *parka* 와 *father* 와 같은 단어에서 "r"을 발음하지 않는 것이 점점 더 노동 계급 발화의 독특한 자질이 되어가고 있다. 반면 중류계급은 일반적으로 "r"을 발음한다. 뉴욕 노동자들이 감내하는 삶과 그들의 "r" 없는 발화 간에 어떤 자연스러운 상관관계가 존재하는가? 그렇지 않다. 영국의 남부와 미국 남부의 오랜 항구 도시들에서는 이 사실이 역전된다. 거기에서는 "r" 발음을 내는 것이 비난의 대상이며 노동 계급의 발화로 규정된다. 상류 계급의 발화는 "r"의 어떤 흔적도 남기지 않는다. 다른 예로서 철자법상의 음절말 자음을 발음하지 않는(*find* 를 "fine"으로 발음하고, *bold* 를 "bol"로 발음하는 등등) 흑인 영어의 특징을 살펴보기로 하자. 틀림없이 어떤 이는 그 발음의 근저에 물질적 요인들이 있다고 예상할 것이다. 그러나 규범적이고 잘 교육받은 파리 인의 프랑스어를 살펴보면 그러한 생각이 잘못되었음을 알 수 있다. 이 언어는 라틴어로부터 발전하면서, 많은 음절말 자음들이 발음에서 '탈락되어' 버렸다 ─ 사실, 이 과정은 오늘날 흑인 영어보다 훨씬 더 진전되어 있다. 그리고 표준 프랑스어보다 (자음 탈락이 ─ 역자) 덜 진전된 프랑스 방언들이 비난을 받고 하층 계급의 발화 특징으로 규정된 시기가 있었다. 언어의 이러한 문법적 속성들과 음운론적 속성들은 마르크스주의의(또는 어떤 다른) 사회 이론의 용어가 아니라 그것들 '자체의' 용어로 분석될 것을 요구한다. 계급 방언의 존재는 자율 언어학에 대한 어떤 도전도 제기하지 않는다.

언어의 문법 체계 가운데 상당히 의미있는 정도로 삶의 객관적 조건에 명백히 의존하는 유일한 하위 부분은 어휘이다. 에스키모 인들(그리고 스키어들!)은 베두인* 유목민들보다 눈에 대한 단어를 더 많이 가지고 있다. 그러나 여기에서조차도 물질적 요구는 우리가 마음대로 처리할 수 있는 단어에 매우 간접적으로 관련된다. 독일어 화자들이 (사회 계급이 무엇이든 간에) 주격 단수에서 *the* 에 해당하는 세 개의 다른 단어들과 이들에 각각 동반하는 문법적 성(性, gender)이라는 기이한 장치들을 "필요로 하는 것인지" 이에 대한 어떤 객관적인 이유도 없다. 그리고 어떤 개념에 대당되는 단어가 있는 것이 더 유용함에도 불구하고 단어가 없는 개념을 상정하기란 쉬운 일이다. 평범한 언어학 개론 수업 시간에서도 알 수 있듯이, 어떤 사람과 함께 살며 애정 관계를 맺고 있지만 결혼은 하지 않은 사람을 지칭하는 단어가 없다는 것이 그 예이다.

어휘는 언어에서 가장 빠르게 변하는 부분이지만 그렇다고 해도 외부 조건의 변화와 발을 맞출 만큼 빠르게 변화하지는 않는다. 그래서 예를 들어 스웨덴어에서는 간단히 '삼촌' 또는 '아주머니'라고 부르지 못한다 ― 반드시 그 친척이 아버지 쪽인지 아니면 어머니 쪽인지 밝혀야 한다. 의심할 여지가 없이 그러한 구분은 친족의 미묘한 차이에 기초한 정교한 사회적 구분을 가지고 있는 원시 스칸디나비아 문화에서는 필수적인 것이었다. 이 차이가 오늘날에는 거의 유지되는 것은 아니지만, 여전히 이 어휘적 구분은 잔존하고 있다.

수많은 마르크스주의 언어학자들이 문화-언어 상관성에 대한 사피어-워프 가설에 의존하고 있지만, 이 가설 자체를 면밀하게 조사할 필요가 있다. 이 가설의 사실적 주장 가운데 많은 주장들이 타당하지 않기 때문이다. 더욱이 이 가설의 논리적 귀결을 따라가다보면 자칫 사회적으로 바람직하지 않은—아마도 인종차별적이기까지 한—결론에 이르게 된다. 워프 자신은 아무리 상상의 나래를 펴더라도 인종차별주의자가 아니었다. 그의 심오한 상대주의와 언어학적·문화적 다양성에 대한 찬미는 서구의 언어나 문화가 본질적으로 우월하다고 믿는 것과는 정반대인 것이다. 그럼에도 불구하고, 워프도, 그의 제자들도 서구 언어와 비서구 언어를 동등한 토대위에 놓고 연구하지 않았다. 만일 그들이 그렇게 했다면, 그리고 그들이 호피어와 쇼니어*에 대해서 했던 것과 같은 방법으로 영국과 독일의 언어와 문화 사이의 관련성을 찾았더라면 그들은 아마 자명하게 모순된 결론에 이르렀을 것이다.

예를 들어, 다양한 유럽어들의 시제 체계를 생각해 보자. 영어는 현재 시제 활용형(*the baby cries*)과 과거 시제 활용형(*the baby cried*)은 있지만 미래 시제 활용형은 없다. 미래는 우언적 구성

* Shawnee. 알공킨어를 쓰는 북아메리카 인디언 —역자

(*the baby will cry*)으로 나타내야 한다. 독일어는 영어처럼 두 개의 시제 활용형이 있고(그 쓰임은 다르지만), 스페인어와 불어는 다섯 개, 러시아어는 세 개의 활용형이 있다. 워프가 호피어에 문법적 시제와 시간 개념이 상호 관련되어 있다고 주장한다면 서구어에서도 또한 그러한 관련성이 존재해야 되지 않겠는가? 영어, 독일어, 스페인어, 러시아어의 시제 체계들에 유표적인 차이점이 존재한다면 여기에 시간의 흐름과 그 구획을 바라보는 근본적으로 다른 방법들이 반영되어 있다는 것인가?

다른 예로 대다수의 인도유럽어들에서 발견되는 문법적 성에 대해 생각해 보자. 만일 호피 어의 시제 체계가 형이상학을 숨기고 있다면 왜 독일어의 성 체계는 그러하지 않는가? 왜 독일 사람들은 '소녀'를 중성(*das Mädchen*)으로, '전쟁'을 여성(*die Schlacht*)으로 '보지' 않는가? 또는 독일어에서 '해'에 해당하는 단어는 여성적이고 '달'에 해당하는 단어는 남성적이지만 프랑스어에서는 그 반대라는 사실이 왜 독일과 프랑스 간의 문화 및 세계관의 차이에 대한 어떤 사실을 드러내지 않는가?

또 다른 예로 생성문법과 "같은 논법"을 취하고 있는, 언어학자 그린버그의 예를 생각해 보자.

자기 나라의 왕들인 앙리 4세를 "Henri quarte"(*Henry four* 헨리

독일어에서 '소녀'는 중성 관사 das를 취하고 '전쟁'은 여성 관사 die를 취하지만 독일인들이 '소녀'를 중성으로, '전쟁'을 여성으로 인식하지는 않는다는 뜻이다.―역자

넷), 루이 13세를 "Louis treize"(*Louis thirteen* 루이 열셋)라고 부르는
프랑스인은, 영어 화자들이 "Henry the fourth"(헨리 네 번째)와
"Louis the thirteenth"(루이 열세 번째)와 같이 구句를 사용하는 것
을 듣고는 영어 화자들이 같은 이름을 가진 각각의 왕을 동일인
이 다시 나타난 것으로 간주한다는 결론을 내릴지도 모른다. 그
는 심지어 같은 이름을 가진 왕들의 환생에 대한 믿음을 추측할
지도 모른다. 더 나아가서 프랑스인 관찰자는 7월 4일을 불어로
"juillet quartorze"(칠월 넷)라 하는 것과 영어로 "July fourth"(칠월
네 번째)라는 하는 것을 대조함으로써 시간에 대한 영어의 개념화
에 관해 워프가 호피어에서 얻어낸 결론과 비슷한 결론을 내릴지
도 모른다.[5]

말할 필요도 없이, 세계관의 차이점이 이 인용에 나타난 영어
의 구조와 프랑스어의 구조 사이의 차이점에 반영된다는 증거는
없다.

이러한 상관성들에 대한 한정된 탐구는 문화 간의 불공평한
차별과 국가 특성에 대한 못마땅한 결론을 이끌어 낼 수 있다.
이 문제 가운데 일부분은 사피어-워프 가설이 가진 극복될 수 없
는 모호성이다. 사피어와 워프도, 그리고 이후에 이 가설을 옹호
한 사람들도 언어 구조의 어떤 측면이 가장 문화를 더욱 넓게 반
영하는 것인지 분명히 밝히지 않았다. 사실, 민족의 문화 또는
세계관의 구성 부문들을 특성화하는 것만도 매우 어렵다. 언어
적 영향에 종속된 특정한 자질들을 확인하는 것은 불가능해 보

이며 심지어는 잠재적으로 위험한 모험이기까지 하다.

예를 들어, 애리조나에서 말해지는 인디언 언어인 파파고어에 나타난 명사 부류와 민속 분류학을 다룬, 널리 읽힌 바 있는 논문을 살펴보자. 이 논문의 필자는 이 언어의 수 체계가 절대적이기보다는 상대적이라는 점에서 영어와 놀랍도록 다르다고 언급한다. "one tree", "two trees" 등등이라고 지시할 수 있는 영어와는 달리 파파고어는 수에 대해 상대주의적인 접근을 취한다—그들의 언어는 그들로 하여금 어떤 특정한 장소에 나무의 수가 예상했던 것보다 더 많거나 더 적은지, 또는 나무들이 그 종류의 나무가 흔히 그러는 것보다 더 촘촘하게 모여 있는지 아니면 훨씬 멀리 떨어져 있는지 등등을 명시적으로 나타내게 한다. 이런 사실은 "파파고족의 지각과 행동은 (참-거짓의 — 역자) 이가二價의 논리에 의해서가 아니라 이동하는 척도에 따르는" 것으로 단정하게 한다고 필자는 결론내리고 있다.[6] 그녀는 어떻게 파파고어의 문법 구조가 이 언어를 말하는 사람들의 일상 생활에 그 표지를 남겨 왔는가를 계속 보여주고 있다. "이 추론을 확증시키는 일화逸話를 들어 보겠다 : 나는 좋은 오렌지와 나쁜 오렌지를 결정하는 것이 불가능함을 깨달았기 때문에 오렌지를 분류하는 자신의 직업을 그만둔 한 파파고 사람의 이야기를 들었다."[7]

이러한 설명 속에 있는 위험은 명백하다. 설사 어떤 종류의

Papago. 미국 애리조나 주의 사막지역과 멕시코 소노라 주 북부에서 살던 인디언. —역자

구별을 할 수 있는 파파고족의 능력 — 선험적으로 배제될 수 없는 가능성 — 과 파파고어의 문법 간에 어떤 연관성이 존재한다 할지라도, 한 파파고인이 농업에 관련된 일을 계속하기 어렵게 만드는 훨씬 더 분명한 다른 이유들이 있다. 인디언들로 하여금 지배적인 외국 문화 속에서 천한 일에서조차 성공하지 못하게 했음 직한 다른 부가적인 이유들을 내놓지 않는 것은 무책임한 일이다. 그리고 더 나쁜 것은 사피어-워프 가설로부터 이끌어진 이와 같은 결론이 고용주에게 고용을 하면서 인종차별을 행하는 것에 대한 손쉬운 변명을 제공할 수 있다는 것이다. 결국 어떤 사람의 모국어가 무엇인가는 그 사람의 통제를 완전히 벗어난 어떤 것이다. 만일 파파고어가 직업을 얻는 데 필요한 판단을 불가능하게 하는 세계 속에 파파고인들을 가두어 버렸다면, 파파고인들의 고용 기회를 증진시키기 위해 계획된 프로그램의 핵심은 과연 무엇이어야 하겠는가?

요컨대, 한 언어의 문법과 그 언어를 말하는 사람들의 세계관 사이에 워프적인 상관성이 있을지 모른다고 믿는 것이 타당하지 않은 것은 아니지만, 그러한 상관성을 뒷받침하는 증거는 지금까지 거의 없으며, 또 그 상관성을 제안하는 데 대해 극단적인 경고를 주는 많은 이유가 있다. 그리고 워프의 업적이 한 언어의 문법적 속성들이 상부구조적이라고 하는 생각을 지지하는 것이라고 마르크스주의자들이 결론짓는 데 조심스러워 했던 많은 이유를 덧붙일 수 있을 것이다.

그렇지만 여전히 문법의 상부구조적 본질을 부정하는 것이 언어의 다른 양상들에 대한 마르크스주의적 설명의 타당성을 부인하는 것이 결코 아니라는 점은 강조되어야 한다. 마르크스주의자들은 언어 문체에 대한 이론과 담론 분석에 기여해 왔으며, 언어 사용을 지배하는 사회적 규범에 대한 이해와 그외 많은 것들에도 기여해 왔다. 사실, 특정 문법 자질들이 어떻게 사회 계급(또는 성, 직업 부류, 기타 등등)과 상관되게 되는지에 대한 많은 마르크스주의적 연구들은―상관성이 필수적인 것이라고 고집하지 않는 한―추천받을 만하다. 만약 촘스키와 다른 자율 언어학자들이 모든 명시에 있어서 언어를 자율적 규칙들로 환원하자고 주창한다면, 마르크스주의적 비평가가 불평할 만한 이유가 있다고 할 것이다. 그러나 우리가 보아 왔듯이, 자율 언어학자들이 그렇게 하지는 않는다. 촘스키는 언어의 순수히 상부구조적인 양상들이 어떻게 분석되어야 할지에 대해서 어떤 언급도 한 적이 없다. 촘스키에게 있어서 언어능력은 다만 언어의 비역사적인 구성부문이라는 것이다.

비록 촘스키의 언어능력 개념, 그리고 보편 문법, 추상적 심층구조, 생성 규칙 등등에 대한 그의 특별한 생각들에 결함이 있는

것으로 밝혀진다 하더라도, 그것들에는 본질적으로 非-마르크스
주의적인 것은 없다. 결국 문법 구조에 대한 마르크스주의적 이
론을 이야기하는 것은 유전자 또는 원자 구조에 대한 마르크스
주의적 이론을 이야기하는 것만큼이나 무의미하다. 그리고 우리
가 보아 왔듯이, 마르크스주의적 생성문법학자가 있다고 말하는
것은 마르크스주의적 유전학자와 원자물리학자가 있다고 말하는
것만큼이나 무의미하다. 예를 들어, 에몬즈가 영어의 주어 대명
사들의 구조를 연구하면서도 그 대명사들의 쓰임을 지배하는 사
회적 요인들을 분석한 것이 모순된 것이 아닌 것처럼 어떤 물리
학자가 원자핵의 구조에 대한 연구를 하면서도 핵무기 확산을
반대하는 캠페인에 가담하는 것은 모순된 일이 결코 아니다.

이런 사실은 우리들로 하여금 특히 자율 언어학과 생성문법이
자신들을 '과학적'이라고 부를 만한 어떤 권리가 있는지에 대해
의문점을 갖게 한다. 다양한 형태의 자율 언어학을 많은 (상충하
는) 이론들에 견주어서 과학적 방법론을 구성하는 것이 무엇인가
를 밝히는 것은 여기서는 거의 불가능하다. 그럼에도 불구하고,
비과학적인 연구들로부터 과학적인 연구를 구별해 주는 과학의
자질로서 보편적으로 받아들여지는 자질이 있는데, 그것은 "예
기치 않은 결과"로 이끄는 능력이다. 원리들의 집합이 자료들의
한 집합에 철저하게 관심을 기울임으로써 도달했던 발견이 본래

연구의 주제가 아니었던 현상의 행태를 정확하게 예측해 왔다는 것이다. 예를 들어, 뉴턴의 만류인력의 법칙은 천체들의 위치를 관찰한 것을 기초로 이루어졌는데, 이것은 수세기 동안 뉴턴이 가설을 세울 당시에는 전혀 고려해 보지 않았던 다양한 지구의 현상들을 설명했다.

자율적 지향성의 예기치 않은 결과들은 경이로울 정도로 막대하다. 먼저 비교언어학의 한 예를 생각해 보자. 1878년 (당시 21살이었던) 소쉬르는 어떤 현대의 인도유럽어들에도 직접적인 후대형이 없는 소리들의 계열이 인도유럽조어에 있었음을 가정하게 되었다. 그러한 소리들이 반드시 있었으리라는 소쉬르의 가설은 완전히 이론적인 성찰에 기반을 둔 것이었다. 그후 70년이 지나지 않은 시점에 고대 인도유럽어의 하나인 히타이트어[*]로 씌어진 많은 자료들이 최초로 발견되었다. 이들 자료를 조사해 본 결과, 히타이트어에는 소쉬르가 인도유럽조어에 할당했던 바로 그 위치에 정확히 그가 가정했던 소리들이 있었다는 사실이 밝혀졌다. 다시 말하면, 소쉬르의 가설이 확증된 것이었다. 그의 발견이 '행운' 또는 '우연'이었을 가능성은 극히 적은 것처럼 보인다. 이 예기치 않은 결과는 비교언어학의 방법론이 꼭 들어맞는 의미에서 과학적이라는 것을 말해준다.

공시론적인 자율 언어학의 개념들도 이와 비슷하게 확증되어

왔다. 언어학 영역 밖에서 이루어진 조사들에 의해 최근의 발견
된 것들은 언어의 형식이 내용과는 별도로 존재한다는 (즉, 언어
능력이 언어수행과는 별도로 존재한다는) 자율 언어학의 견해를 확증
시키고 있다. 예를 들어, 신경학자들은 언어의 문법적 속성들이
의미론적·화용론적 내용을 포함한 기능적 속성들과는 별도로
두뇌에서 표현된다는 것을 발견해 왔다. 치료를 받아야 하는 병
에 걸려 있을 경우, 심지어 형식과 기능이 서로 분리되는 경우도
있다. 대뇌 외상의 결과로 환자가 문법적 능력들은 유지하고 있
으나 유창하게 언어를 사용하는 능력은 잃어 버리는, 또는 그
반대의 상황에 대한 많은 사례들이 보고되고 있다. 심리학자들
또한 형식과 기능이 분리되어 버린 비정상적인 언어 습득의 경
우들을 보고하고 있다. 요즈음에는 구문은 유창하지만, 생각을
긴밀성 있게 전달하지 못하는 어린이들과 의사소통의 의도는 분
명하지만 그 의도를 문법적으로 표현하지 못하는 어린이들을 전
문적으로 치료하는 임상 학자들이 있다. 이러한 발견들은 문법
적 형식이 자율적이라는 가설에 과학적인 신빙성을 부여하는 것
이다.[8]

  자율 언어학자들이 뭔가 논쟁거리를 흐트러뜨리고 또 제한된
연구 영역에 대한 자신들의 접근법에 과학적 위상을 부여하는
것을 제한적으로 주장함으로써 배타적인 입장 때문에 위협을 느

껴 왔던 많은 이들을 안심시켜 온 반면, 그런 주장을 제한한 것은 사회적 관심사로부터 동떨어지거나 사회적 관심사에 무관하게 됨으로써 자율성의 기능을 격리된 영역으로 격하시키는 결과를 낳았다. 그러한 의미에서 자율성은 사회언어학자들의 윤리적 비판에 공격받기 쉬운 취약점을 노출한다. 자율적 언어학자들이 언어를 분석할 때 사회적 요인의 역할을 무시한다는 도덕적 비판의 기본 전제는 논쟁의 여지가 없다. 오히려 자율적 언어학자들은 자신들이 믿기에 사회적 요인과 무관한 언어의 양상을 연구한다. 그리하여 말할 필요조차도 없이, 직접적인 관심사를 사회적 환경에서의 언어에 두는 사람은 누구라도 자율 언어학의 결과에서 자신의 흥미에 맞는 것을 발견하지 못할 것이다. 그러나 그렇다고 해서 자율 언어학의 결과가 진보적인 정치의 목적을 수행하는 것과 완전히 무관한 것은 아니다. 예를 들어 자율성이 내세우는 가정들은 모든 방언들의 언어적 동질성—심지어 정치적으로 진보적인 일반 대중의 일부도 반대하는 생각—에 대한 일반적인 동의를 얻어내기 위한 캠페인에서 결정적인 역할을 담당해 왔다. 어떤 관점에서 배우든 간에 기술언어학의 개론적 강의를 듣는 사람은 누구라도 흑인 영어와 다른 비표준적인 방언들이 '실제적인' 언어들이며 수 일치의 부재와 부정 호응과 같은 방언적 현상들이 세계의 언어들에서 광범위하게 퍼져 있다는 사실을 배운다. 생성주의자들은 비표준어적인 구문이 "언어학적으로 정상적임"을 증명하는 생성 규칙들에 대한 자신들의 기술적技術的 이해에 주의 집중을 유도하면서 평등주의에 새로운 힘을 보태왔다.

Somebody saw it 의 단순 부정에 해당하는 *Didn't nobody see it* 과 같은 흑인 영어 문장을 살펴보자. 혹자는 그와 같은 문장으로부터 흑인 영어와 표준 방언 사이에는 근본적인 차이점이 있다는 결론, 또는 심지어 흑인 영어에 대한 가장 무자비한(즉, 인종차별적인) 해석으로서, 흑인 영어의 화자들이 부정과 의문의 개념을 헷갈려 한다는 결론을 내릴지도 모른다. 그러나 라보브가 논증했듯이, 만일 어떤 사람이 표준 영어에서의 변형 규칙의 작동을 이해한다면 표준 영어와 흑인 영어의 차이점이 극히 사소한 것임 —두 방언이 단지 문법적으로 가장 표면적인 방식에서 다를 뿐임— 을 쉽게 알 수 있을 것이다. 라보브는 *Didn't nobody see it* 이 평서문으로서 사용된(표준 영어와는 근본적으로 다른) 의문 형식이라기보다는 *Never did he see it* 이나 *Nor did anybody see it* 과 같은 문어적 영어 문장을 유추한 것임을 보여 준다. 라보브는 흑인 영어 문장이 이 두 문장의 도출과 참여하는 생성 규칙의 단순한 확장으로부터 도출된 것임을 보여주고 있다. 곧 부정어가 첫 번째 동사 요소와 함께 문장의 처음에 놓인다. 그 결과로 생기는

문장이 의문문과 같은 어순으로 나열될지는 모르지만 *Didn't nobody see it*이 의문문이 아닌 것은 *Never did he see it*이 의문문이 아닌 것과 같다.[9]

이와 같은 주의 깊고 면밀한 조사는 흑인들의 언어에 대한 수많은 잘못된 생각들—특히 합리적으로 생각하는 화자들의 능력을 제약하는 '원시적인' 문법 체계를 가졌다는 생각—을 적절하게 몰아내는 데 필수적이다. 사실, 학교에서 흑인 어린이들의 성적이 부진한 것의 직접적인 책임은 흑인 영어가 문법적으로 부정확하다고 가정하는 데에 있다.[10] 흑인들의 변형 규칙이 백인들의 규칙만큼이나 복잡하고 추상적이라는 사실에 어떤 인종차별주의자도 기세가 한풀 꺾이지는 않겠지만, 흑인 언어의 문법적 정교성이 백인 언어의 그것과 견줄 만하다는 논증은 흑인의 열등성에 대한 '과학적인' 근거로서 이바지했던 것의 효력을 약화시킨다.

북미와 호주의 토착 언어들에 초점을 두고 생성주의적인 연구를 한 헤일 또한 현재의 이론적 연구가 가진 사회적 함의의 진보성을 지적한다. 헤일은 토박이 공동체 내의 학교들이 지역 언어에 대한 문법적 분석을 과학 교과과정의 중심에 놓을 수 있다고 제안하고 있다. 자신들의 언어에 대한 "의식적으로 실험적인" 태도를 발전시키는 것을 통해 학생들은 과학 탐구의 원리들을 배울 수 있을 것이며, 자신들의 문법이 가진 복잡성과 정교함에

대한 자각을 늘려감에 따라 자신들이 물려받은 유산에 대해 더 많은 자부심을 키우게 될 것이다.[11]

자율 언어학의 원리는 또한 페미니즘적 관심과도 관련되어 있다. 남녀 간의 발화 차이에서 나타나는 성 역할에 대한 초기의 논문에서 로빈 레이코프는 여성은 말 그대로 모든 언어적 층위, 곧 음운론적, 통사론적, 의미론적 그리고 화용론적 층위에서 남성과는 "다른 언어"를 가지고 있다고 언급했다. 만약 이것이 사실이라면, 여성이 남성 우월적 세계에서 성공하기 위해서는 말 그대로 '이중언어 사용자'가 되어야 할 것이다. 그러나 이중언어 화자들이 직면하는 문제는 잘 알려져 있다 : "많은 이중언어 화자들처럼, 그 여성이 비록 두 언어를 자유자재로 구사하는 능력이 대부분의 목적에 적합할 만큼 충분하더라도 두 언어 가운데 어느 것도 완벽하게 통달하지는 못할 것이다. 어느 언어를 사용하더라도 결코 편안함을 느끼지 못할 것이고 그녀가 적합한 장소에서 적합한 사람에게 적절한 말을 사용하고 있는지에 대해 결코 확신할 수 없을 것이다."[12]

역설적으로 말해, 만일 레이코프가 옳다면 여성 평등의 장벽은 극복하기가 거의 어려울 것이다. 두 번째 '언어'를 배울 뿐 아니라 두 번째 언어와 첫 번째 언어 사이를 왔다갔다하는 것에 관련된 복잡한 것까지 통달해야 할 것을 요구받는 것은 결국 여성들을 이류 계층의 지위로 격하시키고 말 것이다. 사실 레이코프는 '언어'의 차이가 여성들이 우리 사회에서 보조적인 역할을 하게끔 하는 근본적 요인이라고 주장하고 있는 셈이다.[13]

밸리언은 레이코프의 비관주의적 시각은 대부분 자율 언어학이 나누고 있는 언어와 발화 (곧 언어능력과 언어수행) 사이의 근본적인 구분을 인식하지 못한 데에서 나온 것이라고 설득력 있게 주장한다. 이 두 가지를 섞음으로써 레이코프는 발화의 다른 문체적 층위를 완전히 익히는 것의 필요성, 곧 우리 모두가 별 어려움 없이 삶 속에서 셀 수 없이 반복하여 익히는 것의 필요성과 제2 '언어'를 학습하는 힘겨운 과제를 동일시하고 있다는 것이다. 밸리언은 다음과 같이 지적하고 있다.

> 논의의 지나친 전개는 레이코프가 발화와 언어를 혼동한 데서 기인한다. 다른 분야의 비유가 문제를 명료하게 할 수 있을 것이다. 남자와 여자가 덧셈과 곱셈을 다르게 한다고 상정해 보자. 그러나 이것이 "여성의 수학"과 "남성의 수학"을 지지하는 증거일 수는 없으며, 다른 계산 방식에 대한 증거일 뿐이다. 누가 사용하든 간에 수학의 구조는 동일하다. 마찬가지로, 영어와 그 영어를 사용하는 방식 간에는 차이점이 있으며, 이 차이점을 분명히 구별하지 않음으로써 얻어지는 것은 아무것도 없다….[14]

레이코프-밸리언의 의견 교환이 드러내듯이, 언어에 대한 이런 다른 접근들에 적용되는 어떠한 쉬운 정의도, 어떠한 정치적 표지도 존재하지 않는다. 사회적 영향에 대한 자율 언어학의 잠 재력을 과장하지 않더라도, 많은 사회언어학자들이 그러하듯이 자율 언어학도 진보적인 사회적 함의를 가지고 있다. 다른 한편 사회언어학의 경우에도 본질적으로 따지자면 진보적인 어떤 것 도 없다는 점이 강조되어야 한다. 일반적으로 북미의 사회과학 이 그런 것처럼 북미의 사회언어학적 연구는 어떤 언어적 자질 과 어떤 사회적 요인을 서로 관련시키는 것 이상으로는 거의 더 나아가지 않은 채 기술적記述的·통계적 진술에 그치는 경향이 있다. (사회언어학의 ― 역자) 전형적인 연구 논문은 파라과이의 마 을사람들이 어떤 조건 아래서 파라과이어를 사용하는가, 그리고 어떤 조건 아래서 파라과이 남자 혹은 여자가 스페인어를 말하 는가를 보고하는 것일 것이다. 그러한 연구들은 일반적인 또는 전문화된 관심을 끌지 모르지만, 본질적인 측면에서 사회적으로 진보적인 것은 아무것도 없다. 아마도 그들이 드러내는 정보는 그것이 민주화 투쟁에 유용한 만큼이나 그 나라의 지배 엘리트 에게 유용한 것이다. 사실 대다수의 사회언어학 연구들이 가지 고 있는 선善을 위한 잠재적 관련성은 특히 이 분야의 많은 업적 을 특징짓는 "가치에 얽매이지 않는" 수사학적 문체를 고려하면 악을 위한 잠재적 관련성에 의해 상쇄되고 만다.

사회언어학이 결과적으로 피억압자들을 돕지 않는다는 사실의 생생한 예증은 포드 재단이 기금을 수여하는 유형에 잘 나타나 있다. 이 재단은 지난 수십 년에 걸쳐 언어 및 언어학 프로그램에 수천 만 달러를 퍼부어왔다. 불가사의하게도 이 재단은 생성주의적 연구에 기금을 대는 것을 거부하는 '정치적인' 동기를 제시하고 있다. 그들은 생성주의자들이 "[연구 분야를] 비언어학적 사건의 세계로부터 고립시켜 왔고 언어의 본질과 구조에 대한 추상적이고 형식적인 이론에 몰두해 왔다는"[15] 사실을 거부한다. 포드 재단은 "그 연구 분야가 사회를 이해하는 데 기여할 수 있는 능력에 가장 잘 관련된다고 여겨지는"[16] 언어학자들을 선택하여 지원한다. 포드 재단이 어떤 종류의 연구를 지원해 왔는가? 다른 어떤 것들 가운데서도 "중류 계급의 언어를 모든 면에서 가장 우월한 것으로 보이게 하기 위하여, 노동 계급 행동의 모든 양식들에 대항하여 강력한 선입관으로 여과된"[17] 견해를 가진 것으로 기술되는 영국의 사회언어학자 번스타인의 연구를 지원하였으며, 페루, 리베리아, 필리핀과 같은 덜 자유로운 정권의 지령으로 수행된 국가 언어계획 사업의 주안자들을 지원하였다.

　이 모든 것의 요점은 학문적인 사회언어학을 비난하자는 것이 아니라, 오늘날 미국 사회에서 사회과학자가 직면하고 있는 모든 종류의 가정, 편견, 압박, 갈등 들을 사회과학으로서의 사회언어학이 반영해야 할 것이라는 점을 다시 한 번 강조하려는 것뿐이다. 사회언어학 연구가 그것의 가치가 무엇이든 간에 본질적으로는 진보적이지 않다는 것은 사회학이나 경제학, 역사학이나 또는 정치과학들이 진보적이지 않은 것과 마찬가지이다.

언어학 분야에서의 갈등은 해결될 수 있는가? 확실히 이 분야는 조정할 수 없을 정도의 차이점들로 뒤엉켜 있다. 언어가 구조와 규칙의 체계로서 다루어질 때 가치가 떨어진다는 견해, 사회에서의 언어의 역할에 대한 연구는 하찮은 것에 불과하다는 견해, 또는 언어의 시적 기능에 대한 연구는 이 분야의 영역 밖에 있다는 견해 등은 모두 언어 그 자체에 대한 접근을 넘어서는 견해와 우선권을 반영하는 것이다. 그리고 수십 년은 아니더라도 수년 동안 해답을 찾고 있는, 경험적 사실에 대한 근본적인 질문들이 있다. 언어의 구조에 대한 이해가 인간 정신의 구조에 대한 열쇠를 제공하는가? 한 민족의 세계관과 그 민족의 언어의 본질 사이에는 인과적 관련성이 있는가? 여성의 사회적 지위는 남녀 간의 언어 차이에 의해 강화되는가? 이러한 문제들은 가볍게 다루기에는 어려운 문제들이어서 그 해결을 위한 더욱 많은 진전이 이루어지기 전에는 언어학 분야에서 조화를 보기는 어려울 듯싶다.

그러나 동시에, 언어에 대한 다른 '지향성들'을 본질적으로 양립 불가능하게 하는 것은 아무것도 없다는 점이 강조되는 것이 중요하다. 인문주의자는 사회적 역할이나 구조에 대한 문제에 기대지 않고서도 창조성과 지성적 자유의 도구로서 언어에 대해 논의할 수 있다. 마찬가지로 사회학적 지향성을 갖는 언어학자가 갖는 관심과 인문주의자 및 문법가가 갖는 관심 사이에는 원칙적으로 양립 불가능한 게 아무 것도 없다. 왜 사회에 대한 연구가 심미적인 것이나 정신적인 연구를 간섭하고 또는 헐뜯어야 한단 말인가? 그리고 생성문법가들이 자율적인 구조와 규칙에 대한 자신들의 주장을 언어의 제한적인 하위 부분에 조심스럽게 한정하여 왔기 때문에, 그들의 가설들은 인문주의적이거나 사회과학적으로 지향하는 언어학자들의 관심이나 결과물들에 어떤 위협도 제기하지 않는다. 이 세 가지의 지향성의 목표는 완전히 상호 보완적인 것이다. 언어학 분야는 이들 각자의 특유한 관심과 언어 이해를 위한 특별한 기여를 조정調整할 수 있고 또 그렇게 해야 한다.

미 주

1 언어의 연구

01 언어에 대한 이러한 전통적인 개념은 1970년대에 침팬지들에게 청각장애자의 수화手話를 가르치는 실험에서 거둔 성공의 결과 때문에 손상된 면도 없지 않다. 그러나 이런 실험들의 결과들을 더욱 더 잘 이해하게 되면서, 침팬지도 언어를 가질 수 있다는 가설을 열광적으로 지지하는 이들조차도 자신들의 결론을 재평가하고 다시금 인간 언어의 유일성 개념으로 되돌아오고 있다. 예를 들어, H. Terrace의 *Nim*(New York : Alfred A. Knopf, 1979)와 D. Premack의 *The Mind of an Ape*(New York : Norton, 1983)을 보라.

02 I. Robinson, *The New Grammarian's Funeral : A Critique of Noam Chomsky's Linguistics* (Cambridge : Cambridge University Press, 1975), p.181.

03 W. La Barre, "What Linguists Tell Anthropologists," in *Report on the Ninth Annual Round Table Meeting on Linguistics and Language Studies*, ed. W. Austin (Washington, D.C. : Georgetown University Press, 1960), p.74.

04 V. Fromkin and R. Rodman, *An Introduction to Language,* 3rd ed. (New York : Holt, Rinehart and Winston, 1983).

05 B. Croce, *Estetica Come Scienza dell'Espressione e Linguistica Generale* (Bari : Gius, Laterza, and Figli, 1902).

06 W. Labov, *The Study of Nonstandard English* (Champaign, I 11. : The National Council of Teachers of English, 1970), p.183.

07 D. T. Langendoen, *Essentials of English Grammar* (New York : Holt, Rinehart and Winston, 1970), p.3.

08 M. A. K. Halliday, "The Context of Linguistics," in *Georgetown University Round Table on Languages and Linguistics 1974*, ed. F. Dinneen (Washington, D.C. : Georgetown University Press, 1974), p.178 ; G. Lakoff, Interview in *Discussing Language*, ed. Herman Parret (The Hague : Mouton, 1974), p.178.

09 D. Hymes, "On linguistic Theory, Communicative Competence, and the Education

of Disadvantaged Children," in *Anthropological Perspectives on Education.* ed. M. Wax et al. (New York : Basic Books, 1971), p.53.

10 이에 대한, 특별히 명료한 진술에 대해서는 다음 논문을 보라. H. Haberland and J. Mey, "Editorial : Linguistics and Pragmatics," *Journal of Pragmatics* 1 (1977) : 1~12.

11 J. P. Maher, "The Transformational-Generative Paradigm : A Silver Anniversary Polemic, " *Forum Linguisticum* 5 (1980) : 32 ; R. A. Hall, *Stormy Petrel Flies Again* (Watkins Glen, N. Y. : American Life Foundation, 1980), pp.65~66.

12 N. Chomsky, *Language and Responsibility* (New York : Pantheon Books, 1979), p.56.

13 위의 책, pp.56~57.

2 ▐ 자율 언어학의 대두

01 W. Jones, "The Third Anniversary Discourse, on the Hindus"(1786). 이 논문은 W. Lehmann이 편집한 *A Reader in Nineteenth Century Historical Indo-European Linguistics* (Austin : University of Texas Press, 1967)에 실려 있다. 존스 경이 산스크리트어와 유럽 언어들 간의 관계를 최초로 제안한 것은 아니다. 그러나 이전의 제안들은 그 관계를 더욱 엄밀하게 따질 수 있는 연구 프로그램을 촉발시키지는 못한 것으로 보인다.

02 J. Grimm, *Geschichte der deutschen Sprache,* vol. 1 (Leipzig : Weidmannsche Buchhandlung, 1848).

03 J. R. Firth, Papers in Linguistics, 1934~1951 (London : Oxford University Press, 1957), p.161.

04 N. Chomsky, Cartesian Linguistics, New York : Harper and Row, 1966, p.24.

05 G. Sampson, *Schools of Linguistics* (Stanford : Stanford University Press, 1980), p.17.

06 A. F. Fott, *Etymologische Forschungen . . . ,* vol. 1 (Lemgo : Meyersche Hof. Buchhandlung, 1833), p.xxvii.

07 H. S. Maine, *Village Communities in the East and West* (London : J. Murray, 1872), p.51. 메인 경이 당대의 언어학에 진 빚에 대한 흥미로운 논의에 대해서는 다음 논문을 보라. J. Greenberg, "Linguistics as Pilot Science," in *Themes in Linguistics : The 1970's,* ed. E. Hamp (The Hague : Mouton, 1973).

08 H. Paul, *Principles of the History of Language* (London : Longmans, Green, 1891).

09 F. de Saussure, *Course in General Linguistics* (New York : McGraw-Hill, 1966), p.232.

3 ┃ 구조주의 언어학

01 주도적인 구조주의 학파들이 '랑그'의 자율성에 대해 진술한 것들로는 다음
의 논의들을 참조할 것. E. Sapir, *Selected Writings of Edward Sapir in
Language, Culture, and Personality*, ed. D. Mandelbaum (Berkeley : University
of California Press, 1949), p.100 ; R. H. Robins, "General Linguistics in Great
Britain 1930~1960," in *Trends in Modern Linguistics*, ed. C. Mohrmann et al.
(Utrecht : Spectrum, 1963), p.21 ; B. Trnka, "Linguistics and the Ideological
Structure of the Period," in *The Linguistic School of Prague*, ed. J. Vachek
(Bloomington : Indiana University Press, 1966), p.158 ; A. Martinet, *Interview in
Discussing Language*, ed. H. Parret (The Hague : Mouton, 1974), p.244 ; H.
Spang-Hanssen, "Glossematics," in *Trends in Eurupean and American Linguistics
1930~1960*, ed. C. Mohrmann et al. (Utrecht : Spectrum, 1961), p.130.

02 F. de Saussure, *Course in General Linguistics* (New York : McGraw-Hill, 1966), p.111.

03 A. L. Kroeber, "Culture," in *Papers of the Peabody Museum in American
Archaeology and Ethnology*, ed. A. L. Kroeber and C. H. Kluckhohn (Cam-
bridge : Havard University Press, 1952), p.124.

04 C. Kluckhohn, "Common Humanity and Diverse Cultures," in *The Human
Meaning of the Social Sciences* (New York : Meridian Books, 1959), p.262.

05 다음을 보라. K. Pike, *Language in Relation to a Unified Theory of the
Structure of Human Behavio*r (Glendale, Calif. : Summer Institute of Linguistics,
1954) ; H. Lasswell et al., *Language of Politics : Studies in Quantitative
Semantics* (New York : George W. Stewart, 1949) ; H. Whitehall, "From
Linguistics to Criticism," *Kenyon Review* 13 (1951) : 710~714.

06 C. Lévi-Strauss, "Remarks," in *An Appraisal of Anthropology Today*, ed. S. Tax
et al. (Chicago : University of Chicago Press, 1953), pp.350~351.

07 A. Schaff, *Structuralism and Marxism* (Oxford : Pergamon Press, 1978), p.24.

08 미국 구조주의 언어학의 발전에 대한 더욱 자세한 논의를 위해서는 D.

Hymes와 J. Fought의 *"American Structuralism* (The Hague : Mouton, 1981)"을 보라.

09 E. Sapir, *Language* (New York : Harcourt, Brace, and World, 1921), p.219.

10 V. Fromkin and R. Rodman, *An Introductuin to Language, 3rd ed.* (New York : Holt, Rinehart and Winston, 1983), p.12.

11 L. Bloomfield, "Why a Linguistic Society?" *Language* 1(1925) : 2.

12 B. Malmberg, *New Trends in Linguistics : An Orientation* (Lund : Institute of Phonetics, University of Lund, 1964), pp.183~184.

13 J. Gonda, "The Comparative Method as Applied to Indonesian Languages," *Lingua* 1(1948) : 86~101 ; G. Trager, review of Lingua, vol. 1, *IJAL* 14(1948) : 209.

14 E. Sturtevant, "Report of The Special Committee of the Linguistic Institute," *Bulletin of the Linguistics Society of America* 13 (1940) : 83.

15 S. Newman, review of B. Davis and R. O'Cain, First Person Singular, in *Historiographia Linguistica* 9 (1982) : 139.

16 D. Hymes and J. Fought, *American Structuralism*, p.46.

17 American Council of Learned Societies, *Report of the Commission on the Humanities* (1964), pp.152~158.

18 J. Barzun, *The House of Intellect* (New York : Harper and Row, 1959), p.243.

19 G. Nunberg, "The Decline of Grammar" (prepublication version of a paper that appeared in *Atlantic*, December 1983), pp.15~16.

20 위의 책, p.20.

21 J. Simon, *Paradigms Lost* (New York : Clarkson Potter, 1980), p.x.

22 위의 책, p.41.

23 위의 책, p.148.

24 R. Hall, *Linguistics and Your Language* (Garden City, N.Y. : Anchor Books, 1960), p.29.

25 H. Whitehall, "From Linguistic to Criticism," p.v.

26 L. Bloomfield, *Linguistics Aspects of Science* (Chicago : University of Chicago Press, 1939).

27 cf. R. Jakobson, "The Twentieth Century in European and American Linguistics

: Movements and Continuity · in *The European Background of American Linguistics*, ed. H. Hoenigswald (Dordrecht : Foris, 1979), p.170.

28 R. Hall, "The State of Linguistics : Crisis or Reaction?" *Italica* 23 (1946) : 33~34.

29 L. Spitzer, "The State of Linguistics : Crisis or Reaction?" *Modern Language Notes* 71 (1946) : 499.

30 R. Hall, "Some Recent Development in American Linguistics," *Neuphilologiche Mitteilungen* 70 (1969) : 15.

31 C. Hockett, review of A. Martinet, *Phonology as Functional Phonetics, in Language* 27 (1951) : 333~342 ; A. Martinet, "Structural Linguistics," in *Anthropology Today : An Encyclopedic Inventory,* ed. A. L. Kroeber (Chicago : University of Chicago Press, 1953), pp.574~586.

32 D. Hymes and J. Fought, *American Structuralism*, p.119.

33 J M. Cowan, "Linguistics at War," in *The Uses of Anthropology,* ed. W. Goldschmidt (special publication of the American Anthropological Association, no. 11, Washington, D.C., 1979), p.159.

34 cf. D. Hymes and J. Fought, *American Structuralism*, p.16.

35 W. Parker, *The National interest and Foreign Languages* (Washington, D.C. : U.S. Government Printing Office, 1954), p.123.

36 논의를 위해서, 다음 논문을 보라. L. Bloomfield, "Twenty-one Year of The Linguistic Society," *Language* 22 (1946) : 1~3.

37 M. Graves and J M. Cowan, "Except of Report of the First Year's Operation of the Intensive Language Program of the American Council of Learned Societies," *Hispania* 25 (1942) : 490.

38 M. Joos, *Readings in Linguistics* (Washington, D.C. : American Council of Learned Societies, 1957), p.108.

39 R. Hall, "American Linguistics, 1925~1950," *Archivum Linguisticum* 3 (1951) : 106.

40 *FSI Catalog* (Washington, D.C.,1949), p.2.

41 위의 책, p.7.

42 J. B. Carroll, *The Study of Language* (Cambridge : Havard University Press, 1951), p.182.

43 M. Graves, *A Neglected Facet of the National Security Problem* (Washington,

D.C., 1950), p.1.

44 M. Graves, comments in the session entitled "Meeting the Government's Need in Languages," in *Report on the Second Annual Round Table Meeting on Linguistics and Language Teaching*, ed. J. De Francis (Washington, D.C. : Georgetown University Press, 1951), p.1.

45 A. Marckwardt, "Linguistics and the NDEA," *Language Learning* 9 (1959) : iv.

46 K. Mildenberger, "The National Defense Education Act and Linguistics," in *Report of the Eleventh Annual Round Table Meeting on Linguistics and Language Studies*, ed. B. Choseed (Washington, D.C. : Georgetown University Press, 1962), p.161.

47 J. Hewitt, remarks at the opening ceremony of the School of Oriental Studies, *Bulletin of the School of Oriental Studies* 1 (1917) : 26.

48 더욱 일반적 논의를 위해서는 R. H. Robins의 *"General Linguistics"*을 보라.

49 E. Pike, "Historical Sketch," in *The Summer Institute of Linguistics*, ed. R. Brend and K. Pike (The Hague : Mouton, 1977), p.11.

50 C. F. Voegelin, cited in E. Wallis and M. Bennett, *Two Thousand Tongues To Go* (New York : Harper and Row), p.131.

51 SIL(하계언어학연구소)의 작업의 정치적이고 문화적인 산물은 방대한 분량의 글들로 남아 있다. 대표적인 비평들로는 다음을 참조하라. S. Hvalkof and P. Aaby, eds., *Is God an American?*(Copenhagen : International Work Group for Indigenous Affairs, 1981) ; D. Stoll, *Fishers of Men or Founders of Empire?* (London : Zed Press, 1982) ; "The Wycliffe Bible Translators : Not Telling the Whole Story," *The Other Side*, February 1983, pp.5~7. SIL에 대한 옹호는 다음을 보라. R. L. Canfield, "Accusation as 'Anthropology,'" *Reviews in Anthropology* 10 (1983) : 55~61 ; W. Christie, review of *Is God an American?* in *Languages for Peace*, October 1983 ; W. Kornfield, "'Fishers of Men or Founders of Empire?,'" *Evangelical Missions Quarterly,* October 1983, pp.308~313 ; J. Yost, "We Have a Mandate," *The Other Side*, February 1983, pp.7~9.

4 ▮ 촘스키 학파의 혁명

01 H. Maclay, "Linguistics : Overview," in *Semantics,* ed. D. Steinberg and L. Jakobovits(Cambridge : Cambridge University Press, 1971), p.163 ; J. Lyons,

Noam Chomsky (New York : Viking Press, 1970), p.1 ; R. H. Robins, "Malinowski, Firth, and Context of Situation," in *Social Anthropology and Language*, ed. E. Ardener (London : Tavistock, 1971), p.33.

02 J. Katz와 P. Postal의 "*An Integrated Theory of Linguistics Descriptions* (Cambridge : MIT Press, 1964)"와 N. Chomsky의 "*Aspects of The Theory of Syntax* (Cambridge : MIT Press, 1965)" 등을 보라.

03 N. Chomsky와 M. Halle의 "*The Sound Pattern of English* (New York : Harper and Row, 1968)"을 보라.

04 J. R. Ross의 "*Constraints on Variables in Syntax* (Unpublished MIT dissertation, 1968)"을 보라.

05 예를 들어, "M. Lane, *Introduction to Structuralism* (New York : Basic Books, 1970, pp.28~29)", 그리고 "R. De George & F. De George, *The Structuralist* (Garden City, N.Y. : Doubleday, 1972, p. x x)"를 보라.

06 N. Chomsky, review of B. F. Skinner, *Verbal Behavior*, in *Language* 35 (1959) : 26~57.

07 이런 지적의 발전에 대해서는 H. Bracken의 "Essence, Accident, and Race, *Hermathena* 116(1974) : 81~96"을 보라.

08 N. Chomsky, *American Power and the New Mandarins* (New York : Vintage Books, 1969), p.9. 베트남 문제에 관해서는 다음을 보라. *At War With Asia* (New York : Pantheon Books, 1970) ; *For reasons of State* (New York : Pantheon Books, 1973).

09 N. Chomsky의 "*American Power ; Towards a New Cold War* (New York : Pantheon Books, 1982)"와 N. Chomsky와 E. S. Herman의 "*The Political Economy of Human Rights* (Montreal : Black Rose Books, 1979)"을 보라.

10 촘스키의 무정부 노동주의자에 대해 가장 충분히 개진된 설명에 대해서는 그가 쓴 "*Radical Priorities* (Montreal : Black Rose Books, 1981)"을 보라.

11 N. Chomsky, *Language and Responsibility* (New York : Pantheon Books, 1979), p.3.

12 N. Chomsky, "Linguistics and Politics," *New Left Review* 57 (1969) : 31.

13 J. Thorne, Review of P. Postal, *Constituent Structure*, in *Journal of Linguistics* 1 (1965) : 74.

14 자세한 논의와 역사적 개관에 대해서는 C. Hempel의 "Empiricist Criteria of Cognitive Significance : Problems and Changes(in *Aspects of Scientific Explanation*,

ed.)"을 보라.

15 이에 대해서는 다음 논의를 참조하라. K. Lashley, "The Problem of Serial Order in Behavior," in *Cerebral Mechanisms in Behavior,* ed. L. A. Jeffers (New York : Wiley, 1951) ; C. W. Miles, *The Sociological Imagination* (New York : Oxford University Press, 1959).

16 G. Lakoff, interview in *Discussing Language,* ed. Herman Parret (The Hague : Mouton, 1974), p.170.

17 W. Chafe, *Meaning and the Structure of Language* (Chicago : University of Chicago Press, 1970), p.2.

18 이 논쟁의 연장선 상에 있는 논문으로는 S. Murray의 "Gatekeepers and The Chomskyan Revolution, *Journal of the History of the Behavioral Sciences* 16 (1980) : 73~88."을 보라. Murray에 대한 응답으로는 F. Newmeyer의 "Has There Been a 'Chomskyan Revolution' in Linguistics? *Language* 62 (1986) : 1~18."을 보라.

19 J. Searle, "Chomsky's Revolution in Linguistics," *New York Review of Books* June 29, 1972, p.17.

20 1971년 3월 1일의 사적 대화.

21 촘스키의 <감사의 글>을 인용하는 것은 한동안 소비에트의 비판에도 흔히 나타났다. 다음을 보라. J. S. Thompson, "The Reactionary Idealistic Foundations of Noam Chomsky's Linguistics," *Literature and Ideology* 4 (1969) : 1~20.

22 N. Chomsky, "Human Nature : Justice Versus Power," in *Reflexive Water : The Basic Concerns of Mankind,* ed. F. Elders(London : Souvenir Press, 1974), p.195.

23 생성의미론에 대한 확장된 논의에 대해서는 다음을 보라. F. Newmeyer, *Linguistic Theory in America* (New York : Academic Press, 1986).

24 R. Lakoff, "Language and Woman's Place," *Language in Society* 2 (1973) : 45~79.

25 G. Lakoff, interview, p.172.

26 위의 글, p.153.

27 R. Lakoff, "Pluralism in Linguistics," *Berkeley Studies in Syntax and Semantics* 1 (1974) : xi v ~23.

28 피아제의 언어에 대한 견해를 개관하기 위해서는 그의 저서 *The Language and Thought of the Child* (Cleveland : Meridian Books, 1955)을 보라. "*Language*

and Learning(ed. M. Piatelli-Palmarini, Cambridge : Harvard University Press, 1980)"은 촘스키와 피아제 간의 주요한 논쟁을 다루고 있다.

29 촘스키의 "*Lectures on Government and Binding* (Dordrecht : Foris, 1981)"을 보라.

30 Most recently in a 1982 survey undertaken by the National Research Council.

31 J. P. Maher, "The Transformational-Generative Paradigm," p.6.

32 N. Chomsky, *The Generative Enterprise* (Dordrecht : Foris, 1982), p.8 (emphasis added).

33 위의 책, pp.42~43.

5 ｜ 자율 언어학에 대한 반박

01 P. Goodman, *Speaking and Language : Defense of Poetry* (New York : Vintage Books, 1972).

02 G. Steiner, *After Babel : Aspects of Language and Translation* (Oxford : Oxford University Press, 1975), p.108.

03 R. Harris, *The Language Makers* (Ithaca : Cornell University Press, 1980).

04 I. Robinson, *The New Grammarians' Funeral : A Critique of Noam Chomsky's Linguistics* (Cambridge : Cambridge University Press, 1975), pp.102~103.

05 위의 책, p.48.

06 두 예로서 다음을 보라. D. T. Langendoen, "The Problem of Linguistic Theory in Relation to Language Behavior : A Tribute to Paul Goodman," *Daedalus* 102 (1973) : 195~201 ; S. J. Keyser, review of G. Steiner, *After Babel, in New Review* 2 (1975) : 63~66.

07 K. Marx and F. Engels, *The Germnan Ideology* (New York : International Publishers, 1970), pp.50~51.

08 V. N. Vološinov, *Marxism and the Philosophy of Language* (New York : Seminar Press, 1973). 그러나 지금 많은 이들은 이 책이 볼로쉬노프의 스승인 문예비평가 바흐친에 의해 실제로 씌어졌다고 믿고 있다.

09 J. Emonds, "Grammatically Deviant Prestige Dialect Constructions," in *A Festschift for Sol Saporta*, ed. by M. Brame, H. Contreras, and F. Newmeyer (Seattle : Noit Amrofer, 1985).

10 Vološinov, 앞의 책, p.66.

11 위의 책, p.71.

12 위의 책, p.19.

13 위의 책, p.19.

14 E. Sapir, abstract of a paper entitled "Conceptual Categories in Primitive Languages," presented to the National Academy of Sciences, *Science* 74 (1931) : 578.

15 B. L. Whorf, *Language, Thought, and Reality : Selected Writings of Benjamin Lee Whorf,* ed. J. B. Carroll (Cambridge : MIT Press, 1956), p.57.

16 위의 책, pp.57~58.

17 위의 책, p.58.

18 예를 들어 F. Rossi-Landi의 "*Ideologies of Linguistic Relativity* (The Hague : Mouton, 1973)"을 보라.

19 M. K. Adler, *Marxist Linguistic Theory and Communist Practice* (Hamburg : Helmut Buske Verlag, 1980), pp.56~57.

20 R. Williams, *Marxism and Literature* (Oxford : Oxford University Press, 1977), p.27.

21 위의 책, p.28.

22 D. Silverman and B. Torode, *The Material Word : Some Theories of Language and its Limits* (London : Routledge and Kegan Paul, 1980), p.43.

23 마르의 견해에 대한 가장 철저한 토의로는 L. Thomas의 "*The Linguistic Theories of N. Ja. Marr* (Berkeley : University of California Press, 1957)"을 보라.

24 다음을 보라. H. Rubenstein, "The Recent Conflict in Soviet Linguistics," *Language* 27 (1951) : 281~287.

25 위의 글, pp.284~285.

26 기고문들은 번역되어 다음 책으로 출판되었다. *The Soviet Linguistics Controversy*, ed. J. V. Murra, R. M. Hankin, and F. Holling (New York : King's Crown Press, 1951). 스탈린의 기고문은 별도로 다음 책에 있다. *Marxism and Linguistics* (New York : International Publishers, 1951).

27 Murra et al., 앞의 책, p.76.

28 위의 책, p.81.

29 위의 책, p.91.

30 Stalin, *Marxism and Linguistics,* pp.23~24.

31 위의 책, pp.9~10.

32 처음부터 서방 언론인들은 민족주의가 스탈린의 행동 뒤에 놓여 있을 가능
성을 제기했다. 다음을 보라. A charge rebutted in M. Schlauch's appendix to
Stalin's *Marxism and Linguistics.*

33 엥겔스의 인용은 *"The Soviet Linguistics Controversy* (ed. J. V. Murra, R. M.
Hankin, and F. Holling, New York : King's Crown Press, 1951, p.60)"에 있다.
두 다른 언급은 엥겔스의 *"Dialectics of Nature* (New York : International Publi-
shers, 1940 [1882], pp.282~284)"와, 마르크스와 엥겔스의 *"The German
Ideology* (London : Lawrence and Wishart, 1970, p.126)"에 부록으로 실린 마
르크스의 "정치경제학비판 입문-Introduction to a Critique of Political Economy"에서
인용한 것이다.

34 D. Hymes, *Foundations in Sociolinguistics* (Philadelphia : University of Pennsyl-
vania Press, 1974), p.203.

35 D. Hymes, "Sociolinguistics and the Ethnography of Speaking," in *Social An-
thropology and Language,* ed. E. Ardener (London : Tavistock, 1971), p.49.

36 D. Hymes, "Introduction : Traditions and Paradigms," in *Studies in the History
of Linguistics : Traditions and Paradigms,* ed. D. Hymes (Bloomington : Indiana
University Press, 1974), p.22.

37 H. Haberland and J. Mey, "Editorial : Linguistics and Pragmatics," *Journal of
Pragmatics* 1 (1977) : 4.

38 E. Kuykendall, "Feminist Linguistics in Philosophy," in *Sexist Language : A
Modern Philosophical Analysis,* ed. M. Vetterling-Braggin (Totowa, N.J. :
Littlefield, Adams, 1981), p.132.

39 B. Williams, review of N. Chomsky, *Reflections on Language, in New York
Review of Books,* November 11, 1976, p.44.

6 ┃ 자율성 논쟁에 대한 몇 생각

01 N. Chomsky, *Language and Mind* (New York : Harcourt Brace Jovanovich,
1972), p.1.

02 N. Chomsky, *Aspects of the Theory of Syntax* (Cambridge : MIT Press, 1965),
p.4.

03 위의 책, p.15.

04 D. Hymes, "Competence and Performance in Linguistic Theory," in *Language Acquisition : Models and Methods,* ed. R. Huxley and E. Ingram (New York : Academic Press, 1971), pp.10~11.

05 J. Greenberg, "Concerning Inferences from Linguistic to Nonlinguistic Data," in *Language in Culture,* ed. H. Hoijer (Chicago : University of Chicago Press, 1954), p.14.

06 M. Mathiot, "Noun Classes and Folk Taxonomy in Papago," in *Language in Culture and Society,* ed. D. Hymes (New York : Harper and Row, 1964), p.160.

07 위의 글

08 자율성을 지지하는 신경학적인 증거와 심리학적인 증거에 대해서는 다음을 보라. F. Newmeyer, *Grammatical Theory : Its Limits and Its Possibilities* (Chicago : University of Chicago Press, 1983).

09 W. Labov, *The Study of Nonstandard English* (Champaign, Ill. : National Council of Teachers of English, 1970), p.40.

10 "*Pre-School Education Todaye*(ed. F. M. Hechinger. New York : Doubleday, 1966)"에 있는 논문들을 보라. 반증에 대해서는 W. Labov의 앞의 책을 보라.

11 다음을 보라. K. Hale, "Linguistics and Local Languages in a Science Curriculum for Bilingual/Bicultural Programs" (Unpublished paper, MIT, 1980).

12 R. Lakoff, "Language and Women's Place," *Language in Society* 2 (1973) : 48.

13 레이코프는 "이러한 불일치의 궁극적인 결과는 여성들이 권력에 접근하는 것을 체계적으로 거부하게 하는데, 그 구실은 다른 행위 양상과 함께 여성들의 언어 행위가 보여주는 바가 권력을 보유할 수 없다는 것이다."라고 쓰고 있다. 위의 글, p.48.

14 V. Valian, "Linguistics and Feminism," in *Sexist Language : A Modern Philosophical Analysis,* ed. M. Vetterling-Braggin (Totowa, N.J. : Littlefield, Adams, 1981), p.72.

15 M. Fox with B. Skolnick, *Language in Education : Problems and Prospects in Research and Teaching* (New York : The Ford Foundation, 1975), p.6.

16 위의 책.

17 W. Labov, "The Logic of Nonstandard English," in *Georgetown University Round on Languages and Linguistics 1969* (Washington : Georgetown University Press, 1970), p.4.

영한 대조표

A

ACLS(American Council of Learned Societies)	미국고등학술평의회
Adler, K. Max	아들러
affinity	친족성
Africaans	아프리칸스어
Althusser, Louis	알튀세르
anarchosyndicalism	무정부 노동주의자
anthropology	인류학
Aristotle	아리스토텔레스
autonomous linguistics	자율(적) 언어학

B

Bakhtin, M. M.	바흐친
Barthes, Roland	바르트
Barzun, Jacques	바르죙
Bernstein, Basil	번스타인
Black English	흑인 영어
blank slate	빈 서판
Bloch, Bernard	블로흐
Bloomfield, Leonard	블룸필드
Board of Economic Welfare	경제복지위원회

Boas, Franz   보아스
Bolinger, Dwight   볼링거
Bopp, Franz   보프
bourgeois ideology   부르주아 이데올로기
Bright, William   브라이트

C ······················

Carroll, John B.   캐롤
Celtic langages   켈트어
Chomsky, Noam   촘스키
classical philology   고전(적) 문헌학
cognition   인지
cognitive psychology   인지 심리학
comparative jurisprudence   비교법률학
comparative linguistics   비교언어학
comparativist   비교언어학자
competence   언어능력
conservatism   보수주의
Coordinate Structure Constraint   대등접속 구조제약
Covington, Michael   커빙턴
Cowan, J. Milton   코원

D ······················

Darwin, Charles R.   다윈
daughter tongues   자언어(子言語)
deep structure   심층 구조
Derrida, Jacques   데리다
developmental constructivism   발달 구성주의
diachrony   통시태

discourse analysis   담론 분석
discrete mathematics   이산 수학
double negatives   이중 부정

E

egalitarianism   평등주의
Emonds, Joseph   에몬즈
empiricism   경험주의
Engels, Friedrich   엥겔스
Esperanto   에스페란토어
ethnography   민족지학
experimental phonetics   실험음성학

F

feminism   페미니즘
field physics   장이론 물리학
Finegan, Edward   피너건
folk taxonomy   민속 분류학
Ford Foundation   포드 재단
Foucault, Michael   푸코
Fought, John   포트
Fromkin, V.   프롬킨
FSI(Foreign Service Institute)   외무연수원

G

Gaines, Edmund P.   게인즈
generative grammar   생성문법
generative phonology   생성 음운론

generative semantics	생성의미론
generativist	생성주의자
Gestalt psychology	게슈탈트 심리학
Goldsmith, John	골드스미스
Gonda, J.	곤다
Goodman, Faul	굿먼
Gothic langages	고트어
Government-Binding Theory	지배-결속 이론
Graves, Mortimer	그레이브스
Greek language	그리스어
Greenberg, Joseph	그린버그
Grimm's law	그림의 법칙
Grimm, Jacob	그림

H ....

Haberland, Hartmut	하버랜드
Hale, Kenneth	헤일
Hall, Robert	홀
Halle, Moris	할레
Halliday, M. A. K.	할러데이
Hammer, John	해머
Hamp, Eric	햄프
Hanzeli, Victor	핸절리
Harris, Roy	해리스, 로이
Harris, Zellig	해리스
HEW(the Department of Health, Education and Welfare)	보건교육후생성
Hewitt, Sir John	휴이트 경
High German	고지 독일어
historical linguistics	역사언어학
historicism	역사주의

Hittite language　　히타이트어
Hockett, Charles　　호케트
Hopi language　　호피어
Householder, Fred　　하우스홀더
Humboldt, Wilhelm von　　훔볼트
Hymes, Dell　　하임즈

I

ILP(the Intensive Language Program)　　집중언어프로그램
Indonesian languages　　인도네시아어
innate ideas　　생득 관념
innate language capacity　　본유적 언어 능력
interactionist　　상호영향론자
interdisciplinary approach　　학제적 접근법
International Congress of Linguists　　국제언어학자대회

J

Jakobson, Roman　　야콥슨
Joint Chiefs of Staff　　합동참모본부
Jones, Sir William　　존스 경
Joos, Martin　　주스

K

Kaisse Ellen　　카이스
Kawi language of Java　　자바의 카위어
Kelvin of Largs, William Thomson　　켈빈
Keyser, Jay　　케이저
Kiparsky, Kiparsky　　키파스키

Kluckhohn, Clyden   클룩혼
Kroeber, A. L.   크로버

L ·····················

Labov, William   라보브
Lacan, Jacques   라캉
Ladefoged, Peter   래드포그드
Lakoff, George   레이코프, 조지
Lakoff, Robin   레이코프, 로빈
language family   어족
langue   랑그
Lees, Robert B.   리스
Lévi-Strauss, Claude   레비스트로스
Lithuanian language   리투아니아어
LSA(Linguistic Society of America)   미국언어학회
Lukoff, Fred   루코프
Lyell, Charles   리엘
Lyons, Johns   라이온스

M ·····················

machine translation   기계 번역
Maine, Henry, Sir   메인 경
Malmberg, Berrtil   말름베리
Mansfield Amendment   맨스필드 수정법안
Marckwardt, Albert   마크워트
Marr, Nikolaj Jakovlevič   마르
Martinet, André   마르티네
Marx, Karl   마르크스
Marxism   마르크스주의

Melčuk, I. A.   멜축
Mey, Jacob L.   메이
Mildenberger, Kenneth W.   밀덴버거
MIT(Massachusettes Institute of Technology)   매사추세츠공과대학

phonology	음운론
phrase structure rule	구절구조규칙
Piaget, Jean	피아제
Pidgin and Creole languages	피진어와 크레올어
Pike, Eunice	파이크
Pike, Kenneth	파이크, 케네스
Poetics	시학
Postal, Paul	포스탈
Pott, August	포트
pragmatics	화용론
Prague School	프라하학파
prescriptive grammar	규범 문법
Priestley, Joseph	프리스틀리
proletariat	프롤레타리아
Proto-Indo-European	인도유럽조어
protolanguage	조어(祖語)
psycoanalysis	심리분석학
psycolinguistics	심리언어학
Pullum, Geoffrey	풀럼

Q

| quantum mechanics | 양자 역학 |

R

racism	인종주의
rationalism	이성주의
reductionist	환원주의자
relativism	상대주의
RLE(the Research Laboratory of Electronics)	전자공학연구실험실

Robins, R. H.   로빈스
Robinson, Ian   로빈슨
Rodman, R.   로드먼
Romantic movement   낭만주의 운동
Royal Asiatic Society   왕립아시아학회
Russian formalism   러시아 형식주의

S

Sanskrit language   산스크리트어
Sapir, Edward   사피어
Sapir-Whorf hyphthesis   사피어-워프 가설
Saporta, Sol   사포르타
Saussure, Ferdinand de   소쉬르
Schaff, Adam   샤프
Schleicher, August   슐라이허
Schuchardt, Hugo   슈카르트
Searle, John   설
semantics   의미론
Shawnee   쇼니어
SIL(the Summer Institute of Linguistics) 하계언어학연구소
Silverman, David   실버맨
Simon, John   사이먼
Siverstein, Sandra   실버스타인
Skinner, B.F.   스키너
Smith, Carlota   스미스
SOAS(School of Oriental and African Studies) 소아스
sociolinguistics   사회언어학
sound shift   음성 추이
Soviet linguistics   소비에트 언어학
Spencer, Herbert   스펜서

Spitzer, Leo   스피처
Stalin, Joseph   스탈린
Steiner, Georger   스타이너
Stockwell, Robert   스톡웰
structralism   구조주의
structural anthropology   구조적 인류학
Sturtevant, Edgar   스터트반트
stylistics   문체론
superstructure   상부구조
surface structure   표층 구조
synchrony   공시태
syntax   통사론

T

technocracy   기술관료주의
Torode, Brian   토로드
Trager, George   트래거
transformational generative grammar   변형생성문법
transformational rules   변형규칙

U

United States Armed Forces Institute   미군교육국
universal grammar   보편 문법
Ural-Altaic languages   우랄 알타이 제어

V

Valian, Virginia   밸리언
vocabulary   어휘

Vološnov, V. N.   볼로쉬노프

W

Watkins, Evan	윗킨스
Wellesley, marquess of	웰즐리 후작
Whorf, Benjamin L.	워프
Williams, Raymond	윌리엄스

X

Xhosa   코사어

Z

Zgusta, Ladislaw	즈구스타
Zvegincev, V. A.	즈베진체프

Š

Šaumjan, S. K.   사우먄

비인간화(Depersonalization), 언어의   137

빈 서판(blank slate)   103

ㅅ ··················

사우먄(S. K. Šaumjan)   158
사이먼(John Simon)   69, 70
사포르타(Sol Saporta)   10, 115
사피어(Edward Sapir)   24, 63-4, 66, 73, 78, 145-7
사피어-워프 가설(Sapir-Whorf hyphthesis)   146-7, 179, 181, 183
사회언어학(sociolinguistics)   22, 25, 27-8, 124, 126-7, 131, 148, 159-165, 169,
   170, 188, 193-5
산스크리트어(Sanskrit language)   35-8, 198
상대주의(relativism)   179, 182
상부구조(superstructure)   141, 144-5, 148-9, 151-2, 155-7, 174-6, 183-4
상호영향론자(interactionist)   103
생득 관념(innate ideas)   104, 106-7
생성 음운론(generative phonology)   97
생성문법(generative grammar)   5-9, 96, 103-4, 110, 112, 114, 116-9, 121, 123,
   126-31, 135-9, 143, 150-1, 159, 162, 164-5, 170-4, 180, 185, 196
생성의미론(generative semantics)   8, 121-7, 135, 204
생성주의   5-6, 114, 116-8, 128-31, 159, 172-3, 190, 194
생성주의자(generativist)   96-7, 101, 104-5, 113, 115, 121, 123, 128-30, 172-4,
   189, 194
샤프(Adam Schaff)   61
설, 존(John Seale)   116
소비에트 언어학(Soviet linguistics)   153-6
소쉬르(Ferdinand de Saussure)   7, 47, 51-2, 58, 102, 139, 144, 186
소아스(SOAS, 동양-아프리카 대학 School of Oriental and African Studies)   84-5
쇼니(Shawnee)   179
슈카르트(Hugo Schuchardt)   164
슐라이허(August Schleicher)   42
스미스(Carlota Smith)   10

저자 프레드릭 뉴마이어(Frederick J. Newmeyer)

1969년 일리노이대학에서 언어학 박사학위를 취득한 직후부터 현재까지 워싱턴대학교 교수로 재직하고 있다. 미국언어학회 총무이사를 1989년부터 1993년까지 맡았으며, 2002년에는 회장으로 활동하였다.

뉴마이어는 박사학위논문을 출판한 『영어의 상 동사』(1975)에서 확인하듯이 기본적으로 생성주의적 통사론에 열중해 오면서도, 연구의 궁극적인 목적을 형식 언어학과 기능 언어학의 결과들을 종합하려는 데에 두고 있다. 『문법 이론 : 그 한계와 가능성』(1983)은 생성문법자들 가운데 처음으로 기능주의적 견해에 깊은 관심을 기울인 저서라 할 수 있으며, 『언어 형식과 언어 기능』(1998)은 기능주의 문법과 생성문법이 양립 가능한지의 문제에 초점을 둔 저서이다. 최근 나온 『가능한 언어와 개연적 언어』(2005)는 기능주의자들이 주로 관심을 기울여왔던 언어 유형론을 생성주의적 시각에서 조명하고 있는 점에서 주목된다. 뉴마이어는 언어학의 역사에도 관심을 기울였는데, 1950년대부터 사반세기四半世紀에 걸쳐 미국에서 전개된 언어 이론을 개관하고 있는 『미국에서의 언어 이론』(1980)은 국내에 이미 번역되어 소개된 바 있다.

역자 한동완

서강대학교에서 1992년 『국어의 시제 연구』로 문학박사 학위를 취득하고, 가톨릭대, 강원대, 고려대, 국민대, 숭실대, 연세대, 이화여대 강사, 서강대 교수 및 국어학회 총무이사를 역임하였다. 현재 한국어문교육연구회 상임이사.

저서로는 『국어의 시제연구』(태학사, 1996), 『국어학연구 50년』(공저, 도서출판 혜안, 2002), 『국문연구의정안』(신구문화사, 2006) 등이 있다.

언어학과 정치

초판 인쇄 2006년 9월 22일
초판 발행 2006년 9월 29일

저자 프레드릭 뉴마이어
역자 한동완
펴낸이 이대현
편집 권분옥

펴낸곳 도서출판 역락
주소 서울 성동구 성수2가 3동 301-80
전화 3409-2058, 2060
팩스 3409-2059
등록 1999년 4월 19일 제303-2002-000014호
홈페이지 http://www.youkrack.com
e-mail youkrack@hanmail.net

값 10,000원
ISBN 89-5556-486-4-93700

파본은 교환해 드립니다.